中文社会科学引文索引（CSSCI）来源集刊

珞珈管理评论

LUOJIA MANAGEMENT REVIEW

2022年卷 第4辑（总第43辑）

武汉大学经济与管理学院

WUHAN UNIVERSITY PRESS
武汉大学出版社

图书在版编目(CIP)数据

珞珈管理评论.2022年卷.第4辑:总第43辑/武汉大学经济与管理学院.—武汉:武汉大学出版社,2022.10

ISBN 978-7-307-23269-3

Ⅰ.珞… Ⅱ.武… Ⅲ.企业管理—文集 Ⅳ.F272-53

中国版本图书馆CIP数据核字(2022)第154440号

责任编辑:陈 红 责任校对:鄢春梅 版式设计:韩闻锦

出版发行:**武汉大学出版社** (430072 武昌 珞珈山)

(电子邮箱:cbs22@whu.edu.cn 网址:www.wdp.com.cn)

印刷:武汉市天星美润设计印务有限公司

开本:880×1230 1/16 印张:9.25 字数:223千字

版次:2022年10月第1版 2022年10月第1次印刷

ISBN 978-7-307-23269-3 定价:48.00元

目　录

CONTENTS

珞珈管理评论
2022 年卷第 4 辑（总第 43 辑）

Luojia Management Review
No. 4，2022（Sum. 43）

私人关系总能促进企业间角色外利他行为吗？[*]
——情感性关系和工具性关系的差异化影响

● 沈　璐[1,2]　　朱月琪[3]

（1　大连海事大学综合交通运输协同创新中心　大连　116026；

2，3　大连海事大学航运经济与管理学院　大连　116026）

【摘　要】现有研究认为边界人员之间的私人关系能够激发企业间角色外利他行为，但忽略了对私人关系"双刃剑"效应的考量。本研究将私人关系区分为情感性关系和工具性关系两个维度，实证检验私人关系的不同维度是否对组织间角色外利他行为具有差异化影响。以家电行业经销商为调研对象，通过问卷调查获得 650 个有效样本数据，应用多元回归分析方法检验研究假设。研究结果表明：第一，边界人员之间的情感性关系能够促进组织间角色外利他行为，但工具性关系会抑制组织间角色外利他行为；第二，企业的柜对依赖会强化情感性关系对其角色外利他行为的促进作用，但削弱工具性关系对其角色外利他行为的抑制作用；第三，市场不确定性弱化工具性关系对角色外利他行为的抑制作用。本研究通过揭示何种维度的私人关系会在何时促进（或抑制）组织间角色外利他行为这一重要的问题，既深化了对组织间角色外利他行为的前因研究，又丰富了对影响私人关系"双刃剑"效应情境条件的认识。

【关键词】角色外利他行为　情感性关系　工具性关系　相对依赖　市场不确定性

中图分类号：F713.1　　　　文献标识码：A

1. 引言

随着市场环境的动态多变和竞争的日益加剧，各个渠道成员纷纷寻求与其他企业建立长期稳定的合作关系，来共同应对外部环境所带来的挑战（Skarmeas and Robson，2008）。为了建立高质量的合作关系，企业除了需要严格履行双方规定的责任与义务外，还需要主动承担超过其角色设定的行

*　基金项目：辽宁省社会科学规划基金项目（项目批准号：L20CGL017）。

通讯作者：朱月琪，E-mail：julyz1996@163.com。

为，即角色外利他行为（extra-role behavior）。企业从事角色外利他行为会给合作伙伴留下积极印象，提高双方的关系利益，同时有助于促进跨组织协调和提高合作绩效（Wuyts，2007）。

近年来，营销渠道领域的学者们开始注意到角色外利他行为对维护、巩固和发展渠道关系的重要性，纷纷对其前置因素展开研究。其中，边界人员（boundary spanner）作为负责建立和维持跨组织合作关系的员工，他们之间的私人关系被认为是影响组织间角色外利他行为的重要前置因素（王勇等，2019；Zhou et al.，2020）。Zhou 等（2020）的研究表明，边界人员的私人关系会通过促进组织间信任以及增加组织间专有资产投资而对角色外利他行为有显著的促进作用。但是，私人关系对角色外利他行为总是具有促进作用吗？根据此前文献，私人关系是一个多维度的概念，包含情感性关系（expressive guanxi）和工具性关系（instrumental guanxi）两个维度，而不同维度的私人关系对企业间合作关系的影响是截然不同的（庄贵军等，2008；Lee and Dawes，2005）。Shen 等（2019）指出，当情感性关系占主导时，私人关系能够抑制企业间投机行为，但当工具性关系占主导时，私人关系会加剧投机行为。因为情感性关系是发自内心的感情，它可以催生出相互依赖和信任的感觉，而工具性关系是交换资源和达到功利目的的一种手段，它容易滋生出寻租、贿赂等腐败行为（Vanhonacker，2004）。由此可以推断，情感性关系可能通过提升组织间信任而激发组织间角色外利他行为，但工具性关系却可能通过引发合作伙伴的猜疑、戒备甚至反感而抑制其角色外利他行为。

但是，尚无研究针对不同性质私人关系对组织间角色外行为的影响进行区分检验。另外，根据渠道治理理论，任何治理机制的作用都会受到交易情境的影响，因此，私人关系对角色外行为的影响很可能因交易情境的不同而不同。文献表明，相对依赖（relative dependence）和市场不确定性是影响渠道行为和治理结构的重要内外部变量（Lumineau et al.，2015）。首先，这两种属性会通过影响交易伙伴所面临的风险类型和程度来影响其对跨组织合作关系的重视程度，以及其对交易伙伴行为的感知、解读和响应（Gulati and Sytch，2007）。其次，相对依赖还会影响企业在制定正式治理机制上的权威（Scheer et al.，2015），进而调节私人关系在影响跨组织关系上的作用。然而，此前研究未考虑私人关系对企业间角色外行为的影响是否会受到双边依赖结构以及市场环境的调节。

鉴于此，本研究将私人关系区分为情感性关系和工具性关系两个维度，试图回答以下两个问题：（1）情感性关系和工具性关系是否对角色外利他行为具有不同的影响？（2）相对依赖和市场不确定性如何调节它们对角色外利他行为的影响？本研究通过对中国家电经销商进行问卷调研获取数据，数据分析结果大致支持研究假设。研究结论具有以下三方面理论贡献：第一，本研究深化了私人关系对角色外利他行为的影响的认识，表明尽管情感性关系有助于激发企业间角色外利他行为，但工具性关系会抑制企业间角色外利他行为。第二，通过识别内外部边界条件，本研究丰富了关于私人关系双刃剑效应的研究，表明当企业相对依赖较强或市场不确定性较高时，合作伙伴对工具性关系的消极感知将被削弱。第三，本研究提出一种更可靠测量工具性关系的方法，丰富了有关私人关系的研究。另外，本研究有助于管理人员识别边界人员私人关系发挥积极作用的管理情境，进而采取有效的管理措施强化私人关系的治理效果。

2. 理论基础与研究假设

2.1 角色外利他行为

角色外利他行为的概念源于组织公民行为（citizenship behavior），Wuyts（2007）率先将其运用于组织间层面，并将其界定为企业超出正式、非正式的角色定位或角色预设，自觉自愿地帮助合作伙伴解决问题的行为。它与关系行为（relational behavior）相似，但也不完全相同。Zhou 等（2020）认为，二者的不同主要体现在四个方面：第一，与关系行为多为双边行为不同，角色外利他行为是单边的行动，有时并不需要对方的回应，更具有自愿性；第二，与关系行为寻求双方共同利益不同，角色外利他行为主要是一方为了帮助另一方，而不管该行为是否对自身有利，因而更具有利他性；第三，关系行为主要受关系规范驱动，而角色外行为还可能受印象管理等其他非关系要素驱动；第四，由于角色外利他行为不受关系规范的制约，它的发生并不一定会得到对方明确的回报，同时对方不做回应也不会受到谴责，因此它更具自发性。

近年来，角色外利他行为在跨组织管理领域受到越来越多的学者的关注，学者们就角色外利他行为的前因后果展开研究。对于前因的研究，学者们主要从个人层面、组织层面和交易关系层面展开研究。第一，从个人层面来看，现有研究主要集中于探讨边界人员私人关系对角色外利他行为的影响。研究表明，边界人员的私人关系会通过促进组织间信任和增大组织间专有资产投资，促进角色外利他行为（王勇等，2019；Zhou et al.，2020）。同时，私人关系还将削弱契约治理对角色外利他行为的抑制作用（王勇等，2019）。第二，从组织层面来看，契约治理机制的若干属性（如契约监督与协调、契约包容性及详尽性）对角色外利他行为具有不同的影响（张闯等，2016；Wang et al.，2017）。第三，从交易关系层面来看，组织间先前的互动行为以及由此产生的信任和共享价值观（Kashyap and Sivadas，2012）会激发角色外利他行为，而破坏性行为会抑制角色外利他行为（王勇等，2016）。此外，合作伙伴之间的感知公平、转换成本以及相互依赖（王勇等，2016；王勇等，2018）也会对角色外利他行为产生影响。对于后果的研究，学者们主要聚焦于探讨角色外利他行为的积极影响，他们发现，角色外利他行为有助于提升企业的声誉（Wuyts，2007），增大合作伙伴的专有资产投入（Zhou et al.，2020），促进交易伙伴之间的合作，进而提升关系质量和合作绩效等（张闯等，2016）。

然而，尽管现有研究对私人关系"如何影响"以及"为何影响"组织间角色外利他行为做了有益的探索（王勇等，2019；Zhou et al.，2020），但具有两点不足：第一，并未考虑私人关系的"双刃剑"效应，未区分私人关系的不同属性对角色外利他行为的潜在的不一致的影响；第二，并未探讨私人关系"何时"有助于促进组织间角色外利他行为。根据渠道治理理论，交易情境会影响治理机制的效果（Luo et al.，2012）。考虑私人关系的双刃剑效应，私人关系何时有助于、何时有碍于组织间角色外行为的产生就成为一个有趣的研究问题。

2.2 边界人员私人关系

私人关系是人和人之间通过交往或联系而形成的对双方或多方都会发生影响的一种心理连接（庄贵军等，2008）。它源于中国传统的儒家哲学，深深扎根于中国社会人际交往和商业行为。人们常常通过私人关系来获取资源、解决冲突、促进交流和建立信任，还常常将其用作非正式机制来约束交易双方的行为，以弥补中国在正式制度上的不足（Gu et al.，2008）。

私人关系可划分为情感性关系和工具性关系两种（庄贵军等，2008；Lee and Dawes，2005）。情感性关系来源于人们在情感上的亲疏和远近，遵循互助原则（rule of favor exchange）进行互动，主要涉及情感的交流，没有或少有功利色彩。尽管人们可以利用这种关系来获取自己所需要的资源和实现某种目的，但情感性成分始终先于功利性目的（Hwang，1987）。与此相反，工具性关系来源于人们在交往中需要遵守的规则或往来的频率，如面子、人情（Lee and Dawes，2005）。人们建立工具性关系的目的就是实现自己期望的目标，这只是交换资源和达到功利目的的一种手段（Hwang，1987）。由于工具性关系中情感成分非常微小，人们通常遵循公平和利益交换原则（exchange of interest）进行互动，计较在关系中的付出和回报（张闯等，2016）。

文献表明，在中国，情感性关系起着更为重要的作用，而工具性关系的影响或是不显著的，或是与情感性关系有别的（庄贵军等，2008；Lee and Dawes，2005）。例如，庄贵军等（2008）发现，情感性关系带来的亲近感能够显著降低企业边界人员所感知的渠道投机行为，而功利色彩较浓的工具性关系则不具有这种特质，甚至会提高企业边界人员所感知的渠道投机行为。Shen 等（2019）指出，当工具性成分占主导时，私人关系会加剧企业间投机行为，而只有当情感性成分占主导时，私人关系才能够抑制投机行为。这是因为情感性关系所倡导的互惠原则以及所催生的人际信任，会促使边界人员去约束、影响各自的企业避免做出投机行为，而工具性关系却容易滋生出边界人员之间的共谋行为，为组织间投机行为提供机会（寿志钢等，2018）。由此可见，不同属性的关系对抑制渠道破坏性行为（如投机行为）具有截然不同的影响。但是，它们对促进渠道合作行为（如角色外利他行为）具有怎样的差异化影响呢？现有研究尚未对此作出回答，鉴于此，本研究将实证检验情感性关系和工具性关系对角色外利他行为的影响，并探讨其存在的边界条件。

2.3 边界人员私人关系与组织间角色外利他行为

情感性关系通常是持久而稳定的关系，追求长期导向，会更加关心彼此的利益（Hwang，1987）。因此，它可能会促进组织间的角色外利他行为。首先，边界人员更加关注双方的利益，会促使其设身处地地为对方着想（Lee and Dawes，2005）。此时，他们会尽可能利用现有的资源为对方及其所代表的企业提供帮助，并在分配业务资源时优先考虑对方企业（Gu et al.，2008）。作为回报，对方企业也将作出更多的角色外利他行为。其次，对彼此利益的关注会促使双方边界人员尽可能地约束自身企业的投机行为，这有利于增强组织间的互信和长期导向（Barnes et al.，2011）。为了长久地维护合作关系，交易双方会更愿意向彼此提供角色外利他行为。再次，情感性关系中的情感纽带促使边界人员频繁地沟通，使他们乐于分享有价值的甚至是敏感、机密的信息，有利于形成共识与信任（Kashyap and Sivadas，2012）。由于边界人员是企业评价跨组织交易关系的主体，他们的共识与信任将通过制度化（institutionalization）的过程在各自的组织内传播，进而形成组织间的共享价值观（Kashyap and Sivadas，2012），最终有利于激发企业间角色外利他行为。由此，本文提出如下假设：

H1：交易双方边界人员之间的情感性关系会促进组织间角色外利他行为。

相反，工具性关系是出于某种目的才建立关系，一般只是作为交换资源和实现功利目标的一种手段，因此，它并不被认可（庄贵军等，2008），可能反而会抑制组织间角色外利他行为。首先，当私人关系具有较浓的功利色彩时，它会破坏一方边界人员对另一方边界人员及其所代表的公司的好感，认为合作企业及其业务代表均是"别有用心"的（Huang et al.，2016）。这些负面评价经由制度化的过程，也会逐渐影响企业对合作企业善意的判断，进而抑制企业的角色外利他行为。其次，根据庄贵军等（2008）的观点，当边界人员对私人关系的工具性感知增强时，其所感知的投机风险也增强。由于企业对合作伙伴的认知和评价主要是通过其边界人员获得的，边界人员感知到的投机风险会导致企业实施角色外利他行为的意愿降低。由此，本文提出如下假设：

H2：交易双方边界人员之间的工具性关系会抑制企业间的角色外利他行为。

2.4　相对依赖的调节作用

依赖，指一方需要另一方提供重要且不可替代的资源的程度（Kumar et al.，1995）。相对依赖反映了渠道成员彼此依赖的差异，相对依赖程度越高，强势方在渠道中拥有的权力优势越大（Kumar et al.，1995）。依赖不对称关系主要有以下几个特征（Shen et al.，2017）：第一，弱势方比强势方对合作关系更为重视，寻求合作关系的长期导向更明显；第二，因为强势方拥有绝对的权力优势，不担心弱势方反击，所以，弱势方遭受投机的可能性更大；第三，弱势方在制定正式治理机制方面的权威较弱，只能适应强势方的治理策略，或在更大程度上依赖私人关系等非正式治理机制（Scheer et al.，2015）。

基于此，当相对依赖增强时，边界人员之间的情感性关系会更大程度地激发劣势方角色外利他行为。以营销渠道为例，当经销商相对依赖程度较高时，其感知风险较高，会意识到自己处于被掌控且缺乏能力反击的境地，因而较易产生不安全感（Kumar et al.，1995）。此时，边界人员作为企业的代表，其言行在一定程度上代表了企业的主张与观点，因此，如果双方边界人员之间的情感性关系较强，经销商会将此视作供应商对其长期导向的一种回应，表明供应商愿意与自己建立稳定密切的合作关系，而不仅仅是为了获取更多的剩余价值分配，这有助于增强经销商对供应商的信任（Dong et al.，2018），进而激发经销商更多的角色外利他行为。此外，经销商处于弱势一方，在制定正式治理机制方面的权威比较弱，很难通过完备的合同来维护自身的利益，因此会更多地借助关系这种非正式治理机制来处理与供应商的关系（Perrone et al.，2003）。事实上，当处于依赖劣势时，经销商也会赋予边界人员更多的权限和信任去管理与供应商的关系（Su et al.，2009），这使得情感性关系的作用进一步增强。

然而，当相对依赖增强时，工具性关系对劣势方角色外利他行为的抑制作用也将减弱。仍以营销渠道为例，当经销商依赖增强时，由于经销商已经认识到自身在关系中所处的地位，并且已经对投机产生了合理的预期，即便经销商的边界人员知道对方来结交关系带有某种工具性目的，也不会有太多负面的情绪（Shen et al.，2019）。因为只有经销商自身有利用价值，才能维持与供应商的合作关系，此时，关系中的"工具性目的"更可能被视为理所当然，甚至被视为维持与供应商合作的有效工具（Su et al.，2009）。因此，经销商对于工具性关系并不会那么排斥，并且只要供应商稍微表达出善意，就会降低经销商因依赖不对称而产生的不安全感，增强其合作的信心（任星耀等，2009），进而向供应商回报角色外利他行为以降低被替换的风险。由此，本文提出如下假设：

H3a：企业的相对依赖强化双方边界人员情感性关系对其角色外利他行为的促进作用。

H3b：企业的相对依赖弱化双方边界人员工具性关系对其角色外利他行为的抑制作用。

2.5 市场不确定性的调节作用

市场不确定性，指市场中意料之外且难以预期的变化，引起这些变化的因素包括技术改进、价格变化、产品供给波动等（Cannon and Jr. Perreault，1999）。当市场环境不确定性较高时，企业很难单纯依靠自身的力量适应环境的变化，需与其他渠道成员加强合作，共同应对环境的挑战（Germain et al.，2008）。此时，企业会更加注重发挥边界人员情感性关系的作用，因为相较于正式合同，情感性关系带来的高质量的沟通以及高度的信任能增强合作关系的灵活性和适应性，能够对环境变化做出更快的反应（Poppo and Zenger，2002）。此外，情感性关系追求的长期稳定以及对彼此利益的关注，更有利于企业间建立团结稳固的合作关系来共同应对环境波动所造成的威胁（Su et al.，2009）。因此，当市场不确定性增强时，情感性关系的相对重要性将随之增强，使其对组织间角色外利他行为的作用也相应增强。

与此同时，工具性关系对角色外利他行为的抑制作用也可能会减弱。因为环境的不确定性使经销商管理新的交易关系的成本更大，而现有的跨组织合作关系已经形成了合作惯例以及对彼此文化、管理体系和能力的深入了解，因此，经销商更倾向于加强与现有的供应商合作，而不是发展新的关系（Paswan，2009）。此时，即便是工具性的私人关系，依然可以作为双方信息交流的手段，能够起到协调双方行动的作用（Luo et al.，2012）。因此，当市场不确定性增强时，由于跨组织合作关系的重要性增强，交易双方对工具性关系的排斥感降低，致使其对组织间角色外利他行为的抑制作用被削弱。由此，本文提出如下假设：

H4a：市场不确定性强化交易双方边界人员的情感性关系对组织间角色外利他行为的促进作用。

H4b：市场不确定性弱化交易双方边界人员的工具性关系对组织间角色外利他行为的抑制作用。

本文的研究模型如图 1 所示：

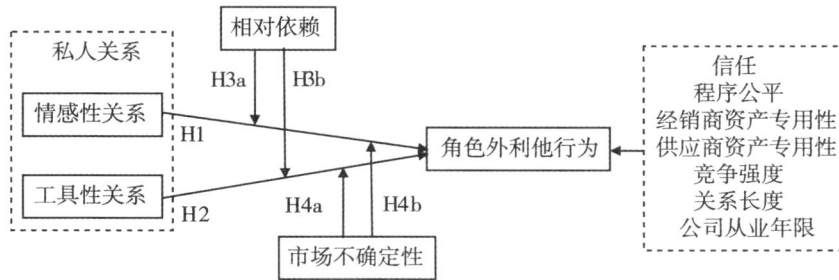

图 1　研究模型图

3. 研究方法

3.1　数据收集和样本选择

本研究以营销渠道为研究情境，以中国家电经销商为调研对象，由经销商中熟悉营销渠道管理情况的管理人员填写问卷。本研究共发放问卷 714 份，收回有效问卷 650 份，有效问卷回收率为91.04%。在 650 份样本中，企业规模在 50 人及以下的占比为 48.29%，51~100 人的占比为 21.89%，101~200 人的占比为 15.08%，201 人以上的占比为 14.74%；与供应商合作时长在 2 年及以下的占比为 4.5%，3~5 年的占比为 31.06%，6~10 年的占比为 50.16%，10 年以上的占比为 14.28；受访者在公司从业时间大多在 3 年以上，占比 94.71%。可见，本研究的样本具有充分的异质性，同时受访者也具有充分的经验回答问卷中所涉及的问题。

3.2　变量测量

本研究的量表均来自此前研究中已使用过的成熟量表。本文对英文量表进行了中英对译，在不改变原意的基础上根据研究情境做了必要修改，如表 1 所示。

情感性关系的量表来源于 Lee 和 Dawes（2005）的研究，包含 5 个题项，反映了交易双方边界人员情感上的远近。对于工具性关系，为了降低社会期许偏差的影响，我们并未直接采用量表进行测量。我们参照 Xu 等（2019）的做法，以私人关系对情感性关系进行回归，并取该模型的残差来进行测量，因为它可以准确地反映私人关系中除情感性成分之外的工具性成分。其中，私人关系的量表来源于 Zhuang 等（2010）的研究，共包含 4 个题项，反映了边界人员之间的私人关系的整体状态。这种测量方法不依赖于边界人员的自我报告，被广泛地用于测量敏感或隐私问题（如贿赂和腐败支出），具有更高的效度（Paulhus and John，2002；Zeng et al.，2016）。

此外，角色外利他行为的量表来源于 Wuyts（2007）的研究，包含 4 个题项。经销商依赖和供应商依赖的量表来源于 Kumar 等（1995）的研究，各包含 3 个题项。参照 Anderson 和 Narus（1990）的做法，用经销商依赖减去供应商依赖来衡量经销商的相对依赖程度。市场不确定性的量表来源于 Cannon 和 Perreault（1999）的研究，包含 3 个题项。

根据现有研究，本研究控制了一些可能对因变量产生影响的变量，包括信任、程序公平、资产专用性和竞争强度。信任量表来源于 Doney 和 Cannon（1997）的研究，包含 5 个题项；程序公平量表来源于 Liu 等（2012）的研究，包含 3 个题项；资产专用性的量表来源于 Jap（1999）的研究，分别测量供应商和经销商的专有资产投入水平，各含 4 个题项；竞争强度的量表来源于 Jaworski 等（1993）的研究，包含 4 个题项。此外，我们还控制了两家公司建立关系的时长（关系长度）、受访者在当前所在公司的工作年限（公司从业年限）。

表 1　　　　　　　　　　量表因子载荷、信度和效度检验结果

变量	题项	因子载荷
角色外利他行为 α = 0.895 AVE = 0.683 CR = 0.896	ERB1：虽然对方没有要求，但我们会经常做些对该供应商和我们的合作关系有益的工作	0.812*
	ERB2：我们所承担的责任和投入水平都远远超出该供应商的最低要求	0.845*
	ERB3：即使在对方没有正式要求的情况下，我们也会主动自愿地投入更多努力以提高该供应商的销售业绩	0.875*
	ERB4：当我们能为该供应商提供帮助时，我们所做的往往超出他们的预期	0.770*
私人关系 α = 0.896 AVE = 0.681 CR = 0.894	GX1：我与该供应商代表经常有机会接触，如在一起吃饭或参加某些活动	0.823*
	GX2：该供应商代表在工作中常常照顾我	0.887*
	GX3：过年过节我都不会忘记他（他们），总有所表示	0.761*
情感性关系 α = 0.932 AVE = 0.734 CR = 0.932	EGX1：我与该供应商代表是很好的朋友	0.811*
	EGX2：我与该供应商代表之间能够以诚相待	0.804*
	EGX3：该供应商代表与我有相似的兴趣、爱好	0.843*
	EGX4：我与该供应商代表在一起很快乐	0.908*
	EGX5：我与该供应商代表之间有亲近之感	0.911*
经销商依赖 α = 0.881 AVE = 0.712 CR = 0.882	RD1：我们很难找到其他的供应商提供与该供应商相类似的产品	0.817*
	RD2：如果找其他供应商代替该供应商，我们会有损失	0.868*
	RD3：我们很难找到一个供应商，像该供应商一样带给我们这么多利益	0.847*
供应商依赖 α = 0.869 AVE = 0.703 CR = 0.876	SD1：在本地区，该供应商很难找到其他分销商提供与我们相同的服务	0.764*
	SD2：如果找其他分销商代替我们，会给该供应商带来损失	0.897*
	SD3：该供应商很难找到一家分销商，像我们一样带给他们这么多利益	0.849*
市场不确定性 α = 0.876 AVE = 0.702 CR = 0.876	MU1：在供方市场，供应商所采用的技术变化频繁	0.836*
	MU2：在供方市场，产品的供应变化频繁	0.845*
	MU3：在供方市场，产品的需求变化频繁	0.832*

续表

变量	题　项	因子载荷
信任 $\alpha = 0.918$ AVE = 0.699 CR = 0.920	T1：相互信任是我们和该供应商关系的一个重要特征	0.753*
	T2：我们相信该供应商会恪守承诺	0.874*
	T3：我们相信该供应商提供的信息是真实的	0.886*
	T4：我们相信该供应商言行一致	0.863*
	T5：当制定重要决策时，我们相信对方会考虑我们的利益	0.795*
程序公平 $\alpha = 0.852$ AVE = 0.660 CR = 0.853	PJ1：该供应商公平对待所有的经销商	0.813*
	PJ2：该供应商对所有经销商采用一致的经销配送流程	0.803*
	PJ3：所有经销商向该供应商采购时，都面临一致的采购政策	0.821*
经销商资产专用性 $\alpha = 0.900$ AVE = 0.724 CR = 0.911	RI1：我们在建立、维持与该供应商的业务关系方面投入了大量的人力	0.920*
	RI2：我们在建立、维持与该供应商的业务关系方面投入了大量的物力	0.957*
	RI3：为了与该供应商建立良好的人际关系，我们投入了大量的资源	0.883*
	RI4：如果双方业务关系中止，我们投入给该供应商的资源会被挪用	0.597*
供应商资产专用性 $\alpha = 0.893$ AVE = 0.705 CR = 0.904	SI1：该供应商在建立、维持与我们的业务关系方面投入了大量人力	0.906*
	SI2：该供应商在建立、维持与我们的业务关系方面投入了大量物力	0.924*
	SI3：为了与我们建立良好的人际关系，该供应商投入了大量的资源	0.860*
	SI4：如果双方业务关系中止，该供应商投入给我们的资源会被挪用	0.636*
竞争强度 $\alpha = 0.878$ AVE = 0.644 CR = 0.879	CI1：我们这个行业竞争非常激烈	0.806*
	CI2：我们这个行业经常打价格战	0.847*
	CI3：频繁的促销活动是我们这个行业的标志	0.788*
	CI4：我们这个行业竞争者很多	0.768*
模型拟合指数	CMIN/DF = 3.007，RMSEA = 0.056，IFI = 0.924，TLI = 0.908，CFI = 0.924	

注：* 表示 $p < 0.001$。

3.3　信度与效度检验

本研究采用验证性因子分析检验量表的信度和效度。如表 1 所示，测量模型的拟合度良好，CMIN/DF = 3.007，RMSEA = 0.056，IFI、TLI 和 CFI 均大于 0.9。所有变量的因子载荷均超过 0.5 的最低可接受水平，所有变量平均抽取方差（AVE）均大于 0.6，说明变量具有较好的收敛效度。另外，各变量的 Cronbach's α 值和组合信度（CR）均大于 0.7，说明各变量的测量结果具有较高的信度。最后，如表 2 所示，各变量 AVE 值的平方根均大于它们之间的相关系数，说明题项具有较高的判别效度。由此可见，本研究的量表具有较好的信度和效度。

3.4 同源偏差检验

本文数据来源于同一应答者，可能存在同源偏差问题。因此，我们采用 Podsakoff 等（2003）的建议，用 Harman 单因素检验的方法来检验本研究数据的同源偏差程度。我们将所有变量的题项进行探索性因子分析。结果共析出 11 个初始特征值大于 1 的因子，解释了总体变异的 78.421%。其中，第一个主成分解释了 9.784% 的变异量。没有析出单一因子，第一主成分也不能解释绝大多数变量。

另外，本文根据标签变量法，选择受访者在公司的从业时间作为标签变量对此进行检验。如表 2 所示，标签变量与主要变量之间的相关系数不显著，主要变量之间的偏相关系数在控制了标签变量的影响之前与之后无显著变化。因此，同源偏差问题在本研究中并不严重，不会显著影响本研究的结果。

表 2　　　　　　　　　　　　各变量的均值、标准差和相关系数

	1	2	3	4	5	6	7	8	9	10	11
角色外利他行为	**0.946**	0.226**	0.420**	0.472**	0.490**	0.283**	0.478**	0.378**	0.381**	0.371**	0.337**
私人关系	0.226**	**0.826**	0.655**	0.350**	0.292**	0.191**	0.268**	0.193**	0.346**	0.318**	0.134**
情感性关系	0.420**	0.655**	**0.965**	0.434**	0.435**	0.312**	0.386**	0.355**	0.425**	0.334**	0.295**
经销商依赖	0.472**	0.350**	0.434**	**0.844**	0.537**	0.211**	0.527**	0.406**	0.481**	0.464**	0.186**
供应商依赖	0.490**	0.292**	0.435**	0.537**	**0.838**	0.239**	0.466**	0.441**	0.426**	0.479**	0.247**
市场不确定性	0.331**	0.182**	0.314**	0.248**	0.254**	**0.935**	0.235**	0.234**	0.216**	0.166**	0.379**
信任	0.478**	0.268**	0.386**	0.527**	0.466**	0.274**	**0.923**	0.395**	0.328**	0.405**	0.357**
程序公平	0.378**	0.193**	0.355**	0.406**	0.441**	0.278**	0.395**	**0.958**	0.325**	0.290**	0.226**
经销商资产专用性	0.381**	0.346**	0.425**	0.481**	0.426**	0.247**	0.328**	0.325**	**0.948**	0.500**	0.100**
供应商资产专用性	0.371**	0.318**	0.334**	0.464**	0.479**	0.190**	0.405**	0.290**	0.500**	**0.945**	0.185**
竞争强度	0.337**	0.134**	0.295**	0.186**	0.247**	0.398**	0.357**	0.226**	0.100**	0.185**	**0.802**
标签变量	0.054	0.045	0.032	0.016	0.061	0.075	-0.014	0.019	-0.144**	-0.035	0.083*
均值	5.100	4.563	4.694	4.632	4.896	4.899	5.351	4.822	4.572	4.795	5.615
标准差	1.015	1.229	1.106	1.237	1.126	1.131	.993	1.064	1.258	1.214	1.031

注：* 表示 $p<0.05$，** 表示 $p<0.01$，双尾检验；表中对角线上黑色加粗的数据为变量 AVE 的平方根；对角线以下的数字为各变量间的相关系数；对角线以上的数字为考虑共同方法偏差调整后的相关系数。

3.5 结果分析

为检验研究假设，我们以经销商角色外利他行为为因变量，以经销商和供应商边界人员的情感

性关系和工具性关系为自变量，以经销商相对依赖和市场不确定性为调节变量，应用多元回归模型对假设进行检验。在调节效应检验模型中，我们首先对自变量和调节变量进行中心化处理，而后再构造交叉项，以避免多重共线性影响。多元回归结果如表 3 所示。

表3　　　　　　　　　　　　回归分析结果：标准系数 （N=650）

经销商角色外利他行为					
变　量	模型 1	模型 2	模型 3	模型 4	模型 5
经销商相对依赖	−0.007	−0.003	0.011	−0.008	0.007
市场不确定性	0.091**	0.076*	0.068	0.071†	0.065†
信任	0.255***	0.239***	0.245***	0.238***	0.245***
程序公平	0.144***	0.119**	0.124**	0.117**	0.124**
经销商资产专用性	0.172***	0.140***	0.133**	0.145***	0.137**
供应商资产专用性	0.081*	0.081*	0.093*	0.089*	0.098*
竞争强度	0.131**	0.108**	0.102**	0.103**	0.101*
关系长度	0.102**	0.099**	0.092**	0.092**	0.087*
公司从业年限	0.029	0.026	0.030	0.028	0.030
自变量					
情感性关系		0.137***	0.132**	0.134**	0.132**
工具性关系		−0.067*	−0.058†	−0.073*	−0.064*
交互项					
情感性关系×经销商相对依赖			0.068*		0.65*
工具性关系×经销商相对依赖			0.112**		0.97**
情感性关系×市场不确定性				−0.014	−0.023
工具性关系×市场不确定性				0.091**	0.062†
调整 R^2	0.356	0.367	0.383	0.378	0.389
F 值	34.788***	31.178***	28.586***	27.479***	26.837***
最大 VIF 值	1.509	1.548	1.568	1.580	1.592

注：† 表示 $p<0.1$，* 表示 $p<0.05$，** 表示 $p<0.01$，*** 表示 $p<0.001$，双尾检验。

如模型 2 所示，情感性关系对经销商的角色外利他行为有显著的正向影响 （$\beta=0.137$，$p<0.001$），工具性关系对经销商的角色外利他行为有显著的负向影响 （$\beta=-0.067$，$p<0.05$）。因此，假设 H1 和假设 H2 均得到支持。

如模型 5 所示，情感性关系与相对依赖的交互项系数显著为正 （$\beta=0.65$，$p<0.05$），表明随着相对依赖程度的不断增加，情感性关系对角色外利他行为的促进作用增强，因此假设 H3a 得到支持。

工具性关系与相对依赖的交互项系数也显著为正（$\beta = 0.97$，$p < 0.01$），表明随着相对依赖程度的增大，工具性关系对角色外利他行为的抑制作用减弱，因此假设 H3b 得到支持。

另外，情感性关系与市场不确定性的交互项系数不显著，说明市场不确定性对情感性关系与角色外利他行为之间关系的调节效应不显著，即假设 H4a 未得到支持。然而，工具性关系与市场不确定性的交互项系数显著为正（$\beta = 0.062$，$p < 0.1$），这说明当市场不确定性较高时，工具性关系对经销商角色外利他行为的抑制作用减弱。因此，假设 H4b 得到支持。

最后，在模型 5 中，控制变量信任（$\beta = 0.245$，$p < 0.001$）、程序公平（$\beta = 0.124$，$p < 0.01$）、经销商资产专用性（$\beta = 0.137$，$p < 0.01$）、供应商资产专用性（$\beta = 0.098$，$p < 0.05$）、竞争强度（$\beta = 0.101$，$p < 0.05$）、关系长度（$\beta = 0.087$，$p < 0.05$）的回归系数显著为正，说明它们均对经销商角色外利他行为有促进作用，与此前研究的结果相一致（王勇等，2016；王勇等，2018；张闯等，2016）。

为更直观地表达调节效应的影响，本文以调节变量均值加减一个标准差的方式将其分为高低两组，绘制调节效应图。如图 2 与图 3 所示，与相对依赖程度较低相比，当经销商相对依赖程度较高时，情感性关系对经销商的角色外利他行为的促进作用明显增强，工具性关系对经销商的角色外利他行为的抑制作用明显减弱。由图 4 可知，与低市场不确定性相比，当市场不确定性水平较高时，工具性关系对经销商的角色外利他行为的抑制作用明显减弱。

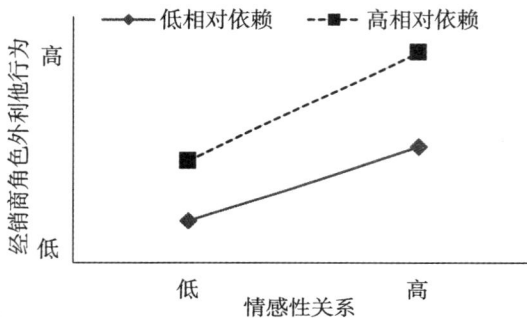

图 2　相对依赖的调节作用图（一）

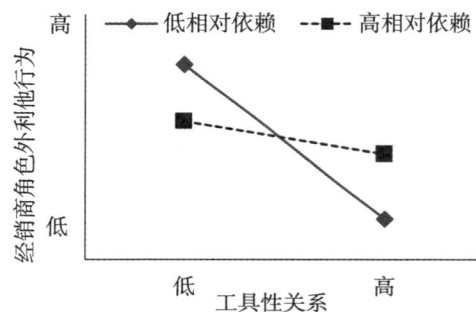

图 3　相对依赖的调节作用图（二）

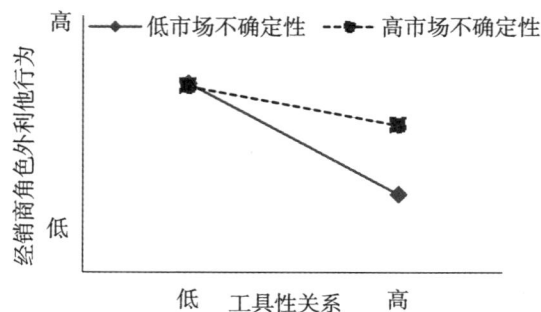

图 4　市场不确定性的调节作用图

4. 结论与展望

4.1　结论

本研究以私人关系的不同维度为切入点，实证检验了边界人员之间不同性质的私人关系对组织间角色外利他行为的差异化影响，并且探讨了内外部交易属性（即相对依赖和市场不确定性）的调节作用。结果表明：第一，情感性私人关系有助于激发企业间角色外利他行为，但带有功利色彩的工具性关系会抑制企业间角色外利他行为；第二，当企业相对依赖程度较高时，情感性关系对其角色外利他行为的促进作用增强，工具性关系对其角色外利他行为的抑制作用减弱；第三，当市场环境不确定性较高时，工具性关系对组织间角色外利他行为的抑制作用被削弱。

4.2　理论贡献

本研究具有下述三点理论贡献：

第一，本研究拓展了私人关系对角色外利他行为影响的研究。尽管在私人关系的研究领域，学者们已广泛确认其具有双刃剑效应（如寿志钢等，2018；Shen et al.，2019；Shen et al.，2022），但具体到有关私人关系对组织间角色外利他行为的影响研究，学者们大多将私人关系视为单维变量，仅关注其正面效应。本研究通过将跨组织私人关系区分为情感性关系和工具性关系两个不同维度，发现边界人员私人关系并不总是促进角色外利他行为，私人关系中的工具性成分反而会抑制组织间角色外利他行为。这一结论既拓展了我们对私人关系与组织间角色外行为之间关系的认识，也为私人关系的负面治理效果增添了新的实证证据。

第二，本研究揭示了私人关系"双刃剑"效应的两个边界条件——企业间的相对依赖和市场不确定性。尽管现有研究已从企业内部管理（如感知激励公平、管理幅度）和外部宏观环境的视角（如法律执行性、政府与市场关系、宗教影响），探索了影响私人关系的正面或负面作用的边界条件（寿志钢等，2018；Shen et al.，2019），但极少有实证研究从市场环境（如市场不确定性）和交易关系本身（如相互依赖性）出发，探讨调节私人关系"双刃剑"效应的要素。本研究弥补了这一不足，研究发现，当企业相对依赖增强时，情感性关系的正面作用增强，将更有助于激发企业间角色外行为，而与此同时，工具性关系的负面作用也将削弱，将变得不再那么抑制组织间角色外利他行为。这意味着，在相对依赖较高的合作关系里，私人关系作为一个整体，其在促进组织间角色外利他行为上的正面作用将逐渐增强。

然而，与我们预期存在部分出入的是：当市场不确定性较高时，尽管工具性关系对角色外利他行为的抑制作用被削弱，但情感性关系的促进作用并未被增强。我们认为可能的解释是，当市场不确定性较大时，企业处于"自顾不暇"同时又迫切需要维系与合作伙伴关系的状态。所以，企业在资源分配上会变得更加紧张，既需要投入一定量的资源进行最低限度的角色外行为以维系交易关系，又无法投入过多的资源与精力去提升角色外行为的广度与深度。因此，最终呈现的结果是，在较为动荡的市场环境里，工具性关系对角色外利他行为的抑制作用减弱，但情感性关系对角色外利他行为的影响未被增强。

第三，本研究采用新的方法度量工具性关系，丰富了有关私人关系的度量方法的研究。此前研究都是采用量表的形式对工具性关系进行直接测量（周茵等，2011），但这种方法依赖于受访者的自我报告，而受访者迫于规范压力，倾向于回答更加积极和正面的行为，因此会存在社会期许偏差的影响。我们借鉴 Xu 等（2019）的做法，找到了另一种可行的测量方法以降低社会期许偏差，它能够更加准确地测量工具性关系，因此丰富了有关私人关系的度量方法。

4.3　管理启示

本研究通过识别不同性质的私人关系对组织角色外利他行为的促进和抑制作用，给管理者利用私人关系处理与交易伙伴之间的跨组织合作关系提供了新思路。

第一，管理者应鼓励边界人员发展真心的交往关系，增进双方之间的感情交流，以激发合作伙伴的角色外利他行为。边界人员应避免以功利为目的的交往，因为这种关系可能引起对方反感，进而抑制角色外利他行为，起到事与愿违的效果。

第二，当依赖不对称程度较高时，无论双方是情感性关系还是工具性关系，强势企业在交易关系中都会收获弱势方更多的角色外利他行为。因此，强势企业要更加注重边界人员私人关系发挥的积极作用。

第三，在动态的市场环境下，工具性关系有助于企业双方沟通交流，并且不会受到合作伙伴过多的排斥，也不会给企业带来过多的责任和义务。因此，市场不确定性较高时，管理者应合理看待工具性关系，发挥其积极作用，借助双方边界人员之间的私人关系来激发合作伙伴的角色外利他行为，以形成合力共同应对市场挑战。

4.4　研究局限与展望

本研究还存在一些不足：第一，仅探讨了私人关系中情感性关系和工具性关系对经销商角色外利他行为的影响，未来可以考虑其他的维度划分，例如人情、感情和面子等维度。第二，仅考虑了相对依赖和市场不确定性两个调节因素，未来研究可以探讨不同的制度环境因素以及企业管理因素是否会对其作用关系产生不同的影响。第三，仅从经销商一方收集数据，并且只收取了截面数据进行实证检验。如果能够从交易双方收集匹配的时序数据展开动态的观察与研究，可能会得出更加丰富的结论。

◎　参考文献

[1] 任星耀，廖隽安，钱丽萍 . 相互依赖不对称总是降低关系质量吗 [J] . 管理世界，2009（12）.

［2］ 寿志钢，王进，汪涛．企业边界人员的私人关系与企业间机会主义行为——双刃剑效应的作用机制及其边界条件［J］．管理世界，2018，34（4）．

［3］ 王勇，庄贵军，杨乃定，等．营销渠道中治理机制与跨组织人际关系对角色外利他行为的影响［J］．管理学报，2019，16（9）．

［4］ 王勇，周筱莲，张涛，等．营销渠道中依赖、公平与角色外利他行为［J］．商业经济与管理，2016，297（7）．

［5］ 王勇，庄贵军，沈璐．营销渠道中合同详尽性对角色外利他行为的影响——信任与投机的中介作用［J］．统计与信息论坛，2016，31（2）．

［6］ 王勇，庄贵军，张闯．营销渠道中的合同治理、公平与角色外利他行为［J］．中国管理科学，2018，6（26）．

［7］ 张闯，周晶，杜楠．合同治理、信任与经销商角色外利他行为：渠道关系柔性与团结性规范的调节作用［J］．商业经济与管理，2016（7）．

［8］ 张闯，徐佳，杜楠，等．基于本土文化的营销渠道中私人关系对投机行为的影响研究［J］．管理学报，2016，13（7）．

［9］ 庄贵军，李珂，崔晓明．关系营销导向与跨组织人际关系对企业关系型渠道治理的影响［J］．管理世界，2008（7）．

［10］ 周茵，庄贵军，崔晓明．营销渠道中的渠道关系、权力使用与投机行为［J］．商业经济与管理，2011（3）．

［11］ Anderson, J. C., Narus, J. A. A model of distributor firm and manufacturer firm working partnerships ［J］. Journal of marketing, 1990, 1（54）.

［12］ Barnes, B. R., Yen, D., Zhou, L. Investigating guanxi dimensions and relationship outcomes: Insights from Sino-Anglo business relationships ［J］. Industrial Marketing, 2011, 4（40）.

［13］ Cannon, J. P., Jr. Perreault, W. D. Buyer-seller relationships in business market ［J］. Journal of Marketing Research, 1999, 36（4）.

［14］ Doney, P. M., Cannon, J. P. An examination of the nature of trust in buyer-seller relationships ［J］. Journal of Marketing, 1997, 2（61）.

［15］ Dong, M. C., Zeng, F., Su, C. Network embeddedness as a dependence-balancing mechanism in developing markets: Differential effects for channel partners with asymmetric dependencies ［J］. Journal of the Academy of Marketing Science, 2018, 6（47）.

［16］ Germain, R., Claycomb, C., Drögeility, C. Supply chain variability, organizational structure, and performance: The moderating effect of demand unpredictability ［J］. Journal of Operations Management, 2008, 26（5）.

［17］ Gu, F. F., Hung, K., Tse, D. K. When does guanxi matter? Issues of capitalization and its dark sides ［J］. Journal of Marketing, 2008, 72（4）.

［18］ Gulati, R., Sytch, M. Dependence asymmetry and joint dependence in interorganizational relationships: Effects of embeddedness on a manufacturer's performance in procurement relationships

［J］. Administrative Science Quarterly, 2007, 52（1）.

［19］ Huang, Y., Luo, Y., Liu, Y. An investigation of interpersonal ties in interorganizational exchanges in emerging markets: A boundary-spanning perspective［J］. Journal of Management, 2016, 42（6）.

［20］ Hwang, K. Face and favor: The Chinese power game［J］. American Journal of Sociology, 1987, 92（4）.

［21］ Jap, S. D. Pie-expansion efforts: Collaboration processes in buyer-supplier relationship［J］. Journal of Marketing Research, 1999, 4（36）.

［22］ Jaworski, B. J., Kohli, A. K. Market orientation: Antecedents and consequences［J］. Journal of Marketing, 1993, 3（57）.

［23］ Kashyap, V., Sivadas, E. An exploratory examination of shared values in channel relationships［J］. Journal of Business Research, 2012, 65（5）.

［24］ Kumar, N., Scheer, L. K., Steenkamp, J. E. M. The effects of perceived interdependence on dealer attitudes［J］. Journal of Marketing Research, 1995, 32（3）.

［25］ Lee, D. Y., Dawes, P. L. Guanxi, trust, and long-term orientation in Chinese business markets［J］. Journal of International Marketing, 2005, 13（2）.

［26］ Liu, Y., Huang, Y., Luo, Y., et al. How does justice matter in achieving buyer-supplier relationship performance?［J］. Journal of Operations Management, 2012, 5（30）.

［27］ Lumineau, F., Eckerd, S., Handley, S. Inter-organizational conflicts［J］. Journal of Strategic Contracting and Negotiation, 2015, 1（1）.

［28］ Luo, Y., Huang, Y., Wang, S. L. Guanxi and organizational performance: A meta-analysis［J］. Management & Organization Review, 2012, 8（1）.

［29］ Paswan, A. K. Environmental antecedents of channel opportunism［J］. Journal of Marketing Channels, 2009, 16（4）.

［30］ Paulhus, D. L., John, O. P. Egoistic and moralistic biases in self-perception: The interplay of self-deceptive styles with basic traits and motives［J］. Journal of Personality, 2002, 66（6）.

［31］ Perrone, V., Zaheer, A., Mcevily, B. Free to be trusted? Organizational constraints on trust in boundary spanners［J］. Organization Science（Providence, R. I.）, 2003, 14（4）.

［32］ Podsakoff, P. M., Mackenzie, S. B., Lee, J., et al. Common method biases in behavioral research: A critical review of the literature and recommended remedies［J］. Journal of Applied Psychology, 2003, 88（5）.

［33］ Poppo, L., Zenger, T. Do formal contracts and relational governance function as substitutes or complements?［J］. Strategic Management Journal, 2002, 8（23）.

［34］ Scheer, L., Miao, C., Palmatier, R. Dependence and interdependence in marketing relationships: Meta-analytic insights［J］. Journal of the Academy of Marketing, 2015, 6（43）.

［35］ Shen, L., Wang, Y., Teng, W. The moderating effect of interdependence on contracts in achieving equity versus efficiency in interfirm relationships［J］. Journal of Business Research, 2017, 78.

［36］Shen, L. , Zhang, C. , Teng, W. The double-edged effects of guanxi on partner opportunism ［J］. Journal of Business & Industrial Marketing, 2019, 6 （34）.

［37］Skarmeas, D. , Robson, M. J. Determinants of relationship quality in importer-exporter relationships ［J］. British Journal of Management, 2008, 19 （2）.

［38］Su, C. , Yang, Z. , Zhuang, G. , et al. Interpersonal influence as an alternative channel communication behavior in emerging markets: The case of China ［J］. Journal of International Business Studies, 2009, 4 （40）.

［39］Vanhonacker, W. R. When good guanxi turns bad ［J］. Harvard Business Review, 2004, 82 （4）.

［40］Wang, Y. , Chen, Y. , Fu, Y. , et al. Do prior interactions breed cooperation in construction projects? The mediating role of contracts ［J］. International Journal of Project Management, 2017, 35 （4）.

［41］Wuyts, S. Extra-role behavior in buyer-supplier relationships ［J］. International Journal of Research in Marketing, 2007, 24 （4）.

［42］Xu, D. , Zhou, K. Z. , Du, F. Deviant versus aspirational risk taking: The effects of performance feedback on bribery expenditure and R&D intensity ［J］. Academy of Management Journal, 2019, 4 （62）.

［43］Zeng, Y. , Lee, E. , Zhang, J. Value relevance of alleged corporate bribery expenditures implied by accounting information ［J］. Journal of Accounting and Public Policy, 2016, 35 （6）.

［44］Zhou, J. , Zhang, C. , Shen, L. Interpersonal guanxi and partner extra-role behavior: Mediating role of relational and transactional governance strategy ［J］. Industrial Marketing Management, 2020, 91.

［45］Zhuang, G. , Xi, Y. , Tsang, A. S. L. Power, conflict, and cooperation: The impact of guanxi in Chinese marketing channels ［J］. Industrial Marketing Management, 2010, 1 （39）.

Does Interpersonal Guanxi Promote Partner Firms' Extra-role Behavior?
—The Differential Impacts of Expressive and Instrumental Guanxi

Shen Lu[1,2]　Zhu Yueqi[3]

（1　Collaborative Innovation Center for Transport Studies, Dalian Maritime University, Dalian, 116026;

2, 3　School of Maritime Economics and Management, Dalian Maritime University, Dalian, 116026）

Abstract: The literature has suggested that interpersonal guanxi between boundary spanners is conducive to promoting partner firms' extra-role behavior （ERB）, but it has neglected the double-edged effects of guanxi. This research, by untangling guanxi into expressive guanxi and instrumental guanxi, explores whether the different dimensions of guanxi have different effects on partner firms' ERB. Analyzing the data collected from 650 managers of retailers in household appliance industry of China, and testing the research hypothesis by multiple-level regression method. The study finds that expressive guanxi between boundary spanners positively affects partner firms' ERB, but the instrumental guanxi negatively affects partner firms' ERB. Moreover, when a firm's relative dependence increases, the positive effect of expressive guanxi on partner firms' ERB increase, but the negative effect of instrumental guanxi on ERB decrease. Additionally, market uncertainty weakens the negative effect of instrumental guanxi on partner firms' ERB. This study deepens the research on the antecedents of inter-organizational ERB by revealing the important question of which and when personal guanxi promotes （or inhibits） inter-organizational ERB, it also enriches the understanding of the situational conditions that affect the double-edged sword effect of personal guanxi.

Key words：Extra-role behavior；Expressive guanxi；Instrumental guanxi；Relative dependence；Market uncertainty

专业主编：陈立敏

研发强度对连续创业绩效的影响：
先前经验视角的研究[*]

● 彭华涛[1,2]　李顺军[3]　孙霆姝[4]

（1，3　武汉理工大学管理学院　武汉　430070；
2，4　武汉理工大学创业学院　武汉　430070）

【摘　要】 研发投入对于连续创业绩效具有重要作用，但受到连续创业过程中多创业经验的影响。本研究基于创业导向、创业学习以及创业经验曲线理论，选取连续创业者创立的 212 家企业 2018—2019 年的数据作为样本，通过主效应模型探讨研发强度与连续创业绩效之间的关系，通过调节效应检验经验多样性和经验相关性对二者关系的影响。主要研究结论为：研发强度对连续创业绩效具有正向影响；经验多样性维度的混合经验和创业次数正向调节研发强度与连续创业绩效之间的关系；经验相关性维度的调节效应不显著。研究拓展了既有创业领域经验多样性与经验相关性的边界，对于连续创业企业的研发决策及经验学习具有一定的指导作用。

【关键词】 研发强度　连续创业绩效　先前经验

中图分类号：C93　　　　文献标识码：A

1. 引言

研发投入将嵌入创业意图和架构中的隐性知识转化为促进创新能力提升的显性知识，以形成核心竞争力并实现创业企业成长与绩效提升（Yuan et al.，2019）。基于研发投入带来的经营优势和先前经验，连续创业者倾向于持续加大研发强度，以加快新产品和服务的更新速度，破解市场进入壁垒，提升绩效（Pradhan et al.，2020）。创业环境复杂多变，研发强度与连续创业绩效之间关系复杂，受到先前创业经验的多样性、相关性等特质的影响（Zhu et al.，2019）。因此，先前经验对于研发强度影响连续创业绩效的作用机制逐步为社会各界关注。

＊ 基金项目：国家社科基金后期资助项目（项目批准号：20FGLB007）。
通讯作者：彭华涛，E-mail：penghuatao@ whut. edu. cn。

目前，国内外关于研发强度与连续创业绩效的关系研究已有较为丰富的成果，但由于研究对象、方法和背景不同，研究结论未达成一致（Esther et al.，2016）。诸多学者认同研发投入能增强创新要素布局和利用（Zhu et al.，2019）、提升企业持续创新能力的作用路径，实现连续创业企业绩效增长。研发强度的创新效应对于创业经验丰富的连续创业企业而言更为突出（Presutti et al.，2019）。先前经验为连续创业者提供了宝贵的经验学习，增强企业家的能力并促进路径依赖（Gottschalk et al.，2017），在技术研发、市场进入中形成先发优势。但进一步研究中，部分学者认为研发强度与公司绩效间关系受外部环境影响大，且溢出效应导致研发投入对企业绩效的影响模棱两可（Esther et al.，2016）。学者们尝试从经验学习视角剖析，发现由于环境不确定性、行业异质性、学习动态性等因素，连续创业者可能会错误运用先前经验，加剧研发行为偏见和创新能力陷阱的可能性（Gottschalk et al.，2017）。

鉴于此，本文基于创业学习理论、经验曲线、创业导向等基础理论，以连续创业者创办企业为研究样本，将先前经验的维度和度量方式划分为经验多样性和经验相关性，探究研发强度与连续创业绩效之间的关系，以及先前经验的影响作用。本文在理论研究方面的贡献为：首先，目前研究集中于连续创业者个人特质和个人认知，本文在一定程度上拓展了连续创业绩效生成的研究视角；其次，细化先前经验的划分维度及度量方式，将经验相关性和经验多样性的调节作用引入研发强度与连续创业绩效关系研究，有助于完善既有创新与创业之间的逻辑。

2. 理论基础与基本假设

2.1　研发强度与连续创业绩效

创业导向理论认为，具备创业导向的企业可以较好地从不确定环境中识别、开发与利用机会并推动战略目标的实现。连续创业者普遍具有较高的创业导向，依据创业导向理论，连续创业者在创业过程中的创新性、主动性和风险承担性要超过其他创业主体（Wiklund et al.，2005），驱使连续创业者将更多目光聚焦在创新上，从而强化其对研发强度的判断。一方面，连续创业者在以往的创业经历中不断认可高水平研发强度对企业打造技术壁垒、获取高绩效的作用，从而能紧跟市场选择适合连续创业企业发展的高研发强度决策，通过研发行为来保证核心竞争地位，打造可持续优势以提升企业绩效。另一方面，有经验的连续创业者对创业机会的认知框架相对来说要清晰得多，并且更具有情境性和针对性。他们通过开展以社会网络为媒介的创业活动整合研发资源，更加自信地加大研发投入力度，打破创新资源约束。创业学习理论强调，通过学习增加知识的广度能够有效提升竞争优势，据此，在丰富创业经历和知识学习指导下，连续创业者重视研发模型和强度对成本竞争优势获取的重要性，避免盲目研发降低创新成果产出情况发生。连续创业企业通过大规模的资金投入，激发企业研发人员自主研发热情，优化现有的研发体系，进一步增强企业的创新知识储备（Wen et al.，2005），实现增强创新产出的目的。由于连续创业者在先前创业活动中社会资源和资本的累积，相较于其他创业者而言具备的优势促进其更愿意加大研发强度，这在一定程度上有助于改善生产效率，提升盈利能力。本文提出以下假设：

H1：研发强度对连续创业绩效具有显著正向影响。

2.2　经验多样性的调节作用

2.2.1　混合经验的调节作用

根据 Fischer 等（1993）的研究结论，从经验多样性和经验相关性两个维度来考察先前经验的影响机制。经验多样性体现为创业经验的广度，即连续创业者在进行当前创业活动之前的各种差异化经验，其中就包括成功或者失败的经验要素。值得关注的是，关于成功或者失败的创业经验，仅代表连续创业者某次创办企业的结局，指该企业在财务上是否能继续维系，即使是失败的创业结果也并非代表创业者个人的绝对失败。无论成功还是失败，这些经验均会在连续创业者之后的创业历程中转化为前进的动力（Nahata et al.，2019）。

基于创业学习理论（Cope et al.，2003），创业过程中多样化的经历可以激发不同形式的高层次学习，极大地提高连续创业者的个人知识与技能储备。学者证实了有多次创业成功经历的连续创业者在之后的创业过程中关于研发强度加大对绩效的强促进作用更加自信，因而积极采取高研发强度决策以获得更好的创业业绩，增强再次创业成功的可能（Eggers et al.，2015）。先前的成功经验帮助连续创业者积累了更丰富的创业资源和市场信息，使连续创业者持续加大研发强度，显著提高研发产出速率和质量，创业业绩水平也必然同步增长。创业学习理论认为，失败经历将刺激其创业的效能感和自我学习与反省机制（Shepherd et al.，2003）。因而，失败的经验亦可以使连续创业者基于先前经验总结，从过去的错误中学习，修正过去创新投入行为方面的无效做法，增加研发强度转化为创业绩效的知识基础，最终再次创业成功。本文提出以下假设：

H2a：混合经验对研发强度与连续创业绩效之间的关系具有正向调节作用。

2.2.2　创业次数的调节作用

经验多样性的另一刻画维度为创业次数。学者们认为连续创业者在多次创业经历中进行多样化创业学习行为，形成具有普适性的创业知识网络与社会网络框架，在遇到新的创业机遇时能够迅速抓取市场进入窗口期，将现存经验储备与现实情况相匹配，进而转化为创业成功的有利因素。由于创业环境的动态性和复杂性，连续创业企业在市场中容易受到资源获取、市场准入、技术壁垒等多重因素制约，影响企业创新能力及其创业绩效的提升速度。

从风险认知理论出发，个体直观判断或主观感受获得的经验均会影响个体对于风险的认知，随着创业次数的增加，连续创业者对风险的警觉性增强，从先前多次经历中归纳总结能解决研发活动滞后性和高风险性的处理方式，缓解高层管理者对研发投入内生管理决策过于谨慎和保守的问题（Nahata et al.，2019）。从创业学习理论来看，连续创业者经过多次经验学习和实践，与现实情况和有限资源进行融合、同化和组合（Carbonara et al.，2019），重复使用的创业模式和风险降低方案具有较强的可靠性和有效性，对研发决策做出积极的反应，通过增加研发强度来获得持续竞争优势。从知识转化水平来看，研发活动促进企业成长路径重要的环节就是技术研究到产品产业化的转化过程，而连续创业者管理经验多样性平衡组织对研发方案的高预期和技术研究的高难度，进而以稳健、独特的经营管理模式削弱研发强度加大导致的创业风险，间接改善企业绩效。由此，提出如下假设：

H2b：创业次数对研发强度与连续创业绩效之间的关系具有正向调节作用。

2.3 经验相关性的调节作用

研发活动的目的是利用思维创新和路径变革来合理配置研发资源，打出研发行为种子效应与引致效应的"组合拳"，释放企业绩效增长空间。在此过程中，为使研发支出边际因子的收益效果更为显著（Yuan et al.，2019），创业者"边干边学"的管理优势突出，而这一优势主要来源于连续创业者特定行业或与之相关行业的经验（Rocha et al.，2015）。连续创业者的创业企业所在行业联系愈相关、愈紧密，表明经验相关性愈强，连续创业先前经验密度和集中程度愈高（Rocha et al.，2015）。

经验曲线理论指出，创业者完成指定任务的次数不断增多，经验逐渐积累，生产成本会渐渐下降。连续创业者角色熟悉性和专业性水平较高，位于经验学习曲线较高位置，凭借其可转移行业经验，在研发信息获取、整合、利用方面具有核心优势（Rocha et al.，2015）。相关行业经验是先前经验的重要划分维度之一，部分学者认为具有高度行业相关性的先前经验会导致连续创业者将精力放在从过往创业经历中尽力探寻"更多相同的事物"，阻碍了对创业新思路、新理念的发现和利用。但学术界关于经验相关性和企业绩效之间关系的研究结论多趋向于正向影响，表现在机会识别、风险承担（Spivack et al.，2014）、社会网络搭建（Parker et al.，2013）等多方面。Rocha（2015）发现从事相同或相关行业的连续创业者受益于信息优势，在研发决策制定和风险应对上表现出异质性优势。行业相关经验通过增强创业团队成员的社会网络广度、学习技能水平以吸引外部投资者，在特定行业上获得先前积累的信任优势，解决研发投入方面的资金约束问题。由此，提出如下假设：

H3：行业相关性对研发强度与连续创业绩效之间的关系具有正向调节作用。

综上，构建经验视角下研发强度与连续创业绩效的研究框架如图 1 所示：

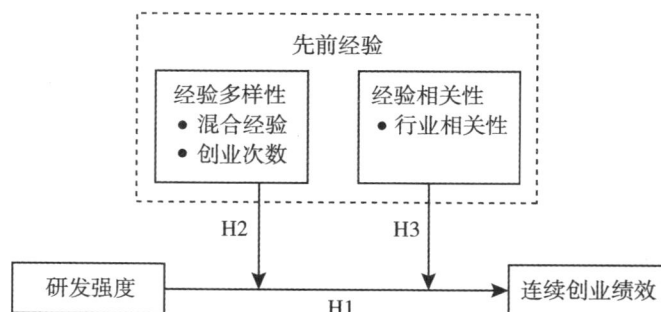

图 1　经验视角下研发强度与连续创业绩效研究框架

3. 研究设计

3.1　样本选取与数据来源

本文以连续创业者的创业企业作为对象，选取其 2018—2019 年数据作为研究样本，首先从全球金融数据库查找中国上市公司；其次在企查查上筛选主要运营人为连续创业者的企业，即创业者创建与运营至少两家企业；最后从国泰安数据库收集样本企业数据，缺失数据通过巨潮资讯等网站手动查找，得到 232 个样本数据。对初始样本进行预处理：（1）剔除以 ST 和 ST* 开头的企业；（2）剔除研究时期内数据严重缺失企业。最终得到有效样本为连续创业者创立的 212 家上市企业，共计 1272 个观测点，并采用 Excel 和 Stata16 进行数据处理。

3.2　变量设计

3.2.1　自变量

本文自变量为研发强度。研发强度是企业创新活动重要的衡量指标（Esther et al.，2016），反映其追求技术创新程度（Cassar et al.，2014）。研发强度对连续创业绩效最突出的影响体现在营业收入（Mudambi et al.，2014），参考 Guo（2018）等学者的变量定义方法，用研发投入与营业收入比值测度企业研发强度。鉴于研发活动的投入与产出之间存在时滞性，使用一年的滞后值作为当期研发强度指标。

3.2.2　因变量

本文因变量为连续创业绩效。关于创业绩效研究，多从财务绩效、成长绩效等客观指标以及研究对象感受的主观指标进行测度，多用净资产收益率、总资产净利润率、托宾 Q 值等单项指标及其综合指标。借鉴 Patel 等（2018）定义方法，采用托宾 Q 值作为被解释变量测度连续创业绩效，即用市场价值与资产总额比值反映连续创业绩效。

3.2.3　调节变量

本文调节变量为先前经验。参考 Toft-Kehler 等（2014）变量定义方法，从经验多样性和经验相关性两维度进行度量。经验多样性反映连续创业者先前经验的广度，本文选用混合经验和创业次数测度。其中，混合经验为连续创业者先前创业经历中既有成功经验也有失败经验则记 1，否则记 0；连续创业者先前创业次数大于等于 2 次则创业次数指标记 1，否则记 0。经验相关性用以反映连续创业者先前经验的深度，本文将连续创业者当期从事行业与先前创业行业有相关性记 1，否则记 0。

3.2.4　控制变量

为保证实证研究结果可靠性和有效性，本文参考 Presutti 等（2019）有关研发强度与创业绩效关系的相关研究，从企业视角和创业者视角引入以下控制变量企业规模、企业年龄、创业者性别、连续创业者控股比例。详细说明如表 1 所示：

表 1　　　　　　　　　　　　　　　　　　变量定义和说明

变量	名称	符号	含　义
自变量	研发强度	R&D Intensity	研发投入/营业收入总额×100%
因变量	连续创业绩效	TQ	托宾 Q 值＝市场价值/资产总计
调节变量	混合经验	mix	1＝先前创业经历中既有成功也有失败经验 0＝先前创业经历中只有单一经验
	创业次数	number	1＝先前创业次数大于等于 2 次 0＝先前创业次数小于 2 次
	行业相关性	relevance	1＝当期从事行业与先前创业行业有相关性 0＝当期从事行业与先前创业行业没有相关性
控制变量	规模	size	资产总额取自然对数
	年龄	age	企业从成立至当期的年限
	性别	gender	连续创业者性别，1＝男，0＝女
	控股	holding	连续创业者当期股份占有比例

3.3　模型设计

为验证假设 H1，构建主效应回归模型如式（1）所示。基于研发活动时滞性考虑，以 $t-1$ 期的研发强度作为自变量，检验研发强度与连续创业绩效间因果关系。其中，Controls 以集合方式表示此模型中考虑的控制变量。

$$TQ_{i,t} = \alpha_0 + \alpha_1 \times R\&D\ Intensity_{i,t-1} + \alpha_2 \times Controls_{i,t} + \varepsilon_{i,t} \tag{1}$$

从经验多样性视角出发，选择混合经验和创业次数作替代性指标，分别与研发强度去中心化后处理可得交互项 $R\&D\ Intensity_{i,t-1} \times mix_{i,t}$ 和 $R\&D\ Intensity_{i,t-1} \times number_{i,t}$，构建模型（2）和模型（3）。

$$TQ_{i,t} = \beta_0 + \beta_1 \times R\&D\ Intensity_{i,t-1} + \beta_2 \times mix_{i,t} + \beta_3 \times (R\&D\ Intensity_{i,t-1} \times mix_{i,t})$$
$$+ \beta_4 \times Controls_{i,t} + \varepsilon_{i,t} \tag{2}$$

$$TQ_{i,t} = \gamma_0 + \gamma_1 \times R\&D\ Intensity_{i,t-1} + \gamma_2 \times number_{i,t} + \gamma_3 \times (R\&D\ Intensity_{i,t-1} \times number_{i,t})$$
$$+ \gamma_4 \times Controls_{i,t} + \varepsilon_{i,t} \tag{3}$$

从经验相关性视角出发，验证行业经验相关性的调节作用，构建模型（4）。其中，R&D Intensity$_{i, t-1}$ × relevance$_{i, t}$ 为研发强度与行业相关性去中心化处理之后得到的交互项。

$$TQ_{i, t} = \theta_0 + \theta_1 \times \text{R\&D Intensity}_{i, t-1} + \theta_2 \times \text{relevance}_{i, t} + \theta_3 \times (\text{R\&D Intensity}_{i, t-1} \times \text{relevance}_{i, t})$$
$$+ \theta_4 \times \text{Controls}_{i, t} + \varepsilon_{i, t} \tag{4}$$

4. 实证分析

4.1 描述性统计

变量描述性统计结果见表2。不同连续创业企业研发强度差距较大，连续创业企业的经营绩效存在较大差异。从先前经验视角来看，经验多样性的替代性指标混合经验的均值为0.3，样本企业中拥有成功经验与失败经验的连续创业者较少；创业次数均值为0.64，表明多数连续创业者先前创业次数大于等于2次，创业经验丰富。经验相关性的替代性指标行业相关性均值为0.75，表明样本连续创业者的创业经历多围绕同一行业或相关行业展开，累积的创业经验具有可参照性。

表2   变量描述性统计结果

	最小值	最大值	均值	标准偏差
连续创业绩效	0.853	15.932	2.391	1.699
研发强度	0	27.826	4.871	4.875
混合经验	0	1	0.30	0.460
创业次数	0	1	0.64	0.482
行业相关性	0	1	0.75	0.435
年龄	7	61	19.07	6.25
性别	0	1	0.89	0.318
规模	3.526	11.165	7.437	1.157
控股	0	0.688	0.205	0.172

4.2 相关性分析

相关性分析结果如表3所示。由表3可知，研发强度对连续创业绩效指标的相关性系数为0.283，这一结果说明研发强度与连续创业绩效之间存在显著的正向影响，初步验证了假设H1。经验多样性的替代性指标混合经验、创业次数均与连续创业绩效指标存在正向的相关性系数，这说明经验多样性在一定程度上影响连续创业绩效。此外，主要变量间相关系数均小于0.3，变量间不存在多重共线性问题。

表 3   **变量的相关性分析**

	连续创业绩效	研发强度	混合经验	创业次数	行业相关性	年龄	性别	规模	控股
连续创业绩效	1								
研发强度	0.283***	1							
混合经验	0.111	0.006	1						
创业次数	0.117*	0.034	0.497***	1					
行业相关性	−0.052	0.125*	0.139**	0.038	1				
年龄	−0.197***	−0.137**	−0.246***	−0.084	−0.077	1			
性别	−0.008	0.005	0.008	−0.053	0.033	−0.130*	1		
规模	−0.244***	−0.007	−0.120*	0.052	0.059	0.076	−0.033	1	
控股	0.245***	0.129*	0.202***	0.271***	0.057	−0.279***	0.087	−0.073	1

注：* 表示在 0.1 水平相关性显著；** 表示在 0.05 水平相关性显著；*** 表示在 0.01 水平相关性显著。后同。

4.3 回归分析

为验证研发强度与连续创业绩效的关系，以及经验多样性和经验相关性对研发强度与连续创业绩效关系的调节作用，即验证假设 H1、H2、H3，对模型（1）至模型（4）进行回归分析检验，结果见表 4。

表 4   **回 归 结 果**

变量	模型（1）	模型（2）	模型（3）	模型（4）
cons	4.823***	5.221***	5.408***	5.185***
	(5.518)	(5.990)	(6.257)	(6.008)
R&D Intensity	0.086***	0.078***	0.078***	0.066**
	(3.849)	(3.428)	(3.454)	(2.372)
mix		0.083		
		(0.340)		
R&D Intensity×mix		0.080*		
		(1.796)		
number			0.256	
			(1.110)	

续表

变量	模型（1）	模型（2）	模型（3）	模型（4）
R&D Intensity×number			0.085*	
			(1.726)	
relevance				−0.230
				(−0.871)
R&D Intensity×relevance				0.006
				(1.326)
控制变量	控制	控制	控制	控制
N	212	212	212	212
R^2	0.187	0.200	0.203	0.203
ΔR^2	0.187***	0.013*	0.016*	0.016*
F	9.463***	7.285***	7.408***	7.370***
Max-VIF	1.114	1.162	1.114	1.279

模型（1）为主效应模型检验结果。研发强度的回归系数为 0.086，研发强度促进连续创业绩效提升，假设 H1 得到验证。模型（2）加入调节变量混合经验及其与研发强度的交互项，检验了混合经验对研发强度与连续创业绩效的调节作用。结果说明混合经验在研发强度与连续创业绩效关系中存在正向的调节作用，假设 H2a 得到支持。模型（3）加上调节变量创业次数及其与研发强度的交互项，以验证创业次数是否对主效应关系起到调节作用。结果表明，创业次数亦对研发强度与连续创业绩效关系起到正向调节作用，假设 H2b 验证通过。模型（4）引入调节变量行业相关性及其与研发强度的交互项。经过回归分析，得出行业相关性变量和交互项均未表现出显著性，回归系数分别为−0.230 和 0.006。数据结果表明行业相关性对研发强度和连续创业绩效间关系无显著调节作用，假设 H3 未通过。究其原因，可能是行业相关经验使连续创业者形成固化的创业模板和路径，面对新要求和形势时，无法及时调整，造成研发强度对连续创业绩效的低效促进作用。

4.4　稳健性检验

参考 Toft-Kehler（2014）的做法，对样本进行 1%水平下的缩尾处理作稳健性检验，结果见表 5。主效应和调节效应的显著性及符号方向与原回归结果一致，结果表明，原数据所作的线性回归分析结果具有稳健性和可靠性。

表 5　　　　　　　　　　　　　　稳健性检验

变量	模型（1）	模型（2）	模型（3）	模型（4）
cons	4.575***	4.964***	5.193***	4.962***
	(6.39)	(6.99)	(7.37)	(6.99)

续表

变量	模型（1）	模型（2）	模型（3）	模型（4）
R&D Intensity	0.088 *** (4.82)	0.081 *** (4.44)	0.081 *** (4.44)	0.80 ** (3.94)
mix		0.118 (0.61)		
R&D Intensity×mix		0.083 ** (2.25)		
number			0.337 * (1.82)	
R&D Intensity×number			0.080 ** (1.99)	
relevance				−0.156 (−0.75)
R&D Intensity×relevance				0.067 (1.15)
控制变量	控制	控制	控制	控制
N	212	212	212	212
R^2	0.263	0.282	0.287	0.274
ΔR^2	0.263 ***	0.019 *	0.024 *	0.011 *
F	14.7 ***	11.46 ***	11.76 ***	10.95 ***

5. 结论与讨论

5.1　研究结论

本文对 212 位连续创业者所创办企业的连续创业绩效进行研究，从研发强度、经验多样性、经验相关性等视角加以分析，得出以下结论：

（1）研发强度对连续创业绩效具有显著正向影响。本结论与 Chiao 等（2006）学者的研究结论保持一致，即研发强度越高，越能显著提升连续创业绩效水平，再次验证研发投入已被确定为连续创业企业打造竞争优势的重要来源。从创业导向视角来看，连续创业者更具创新性和风险承担性，通过对竞争市场的风险感知，重视研发活动并紧抓创业关键机会，创新性打造基于先前创业经历的路径优势，提升企业绩效（Zhu et al.，2019）。从价值创造视角来看，研发投入在很大程度上为连续创业企业创造新产品和服务的独特属性，提升技术能力和市场定位。一方面，由于连续创业者在企业的管理地位，其在制定研发决策和支配研发资源方面起着关键作用（Yuan et al.，2019），先前创业经历鼓励连续创业企业比竞争对手更早地进行创新，建立先发优势。另一方面，具有全局观念的连续创业者，往往能够从长远出发，加大研发投入，提高全要素生产率，为企业发展获得更多的利润。

（2）混合经验对连续创业企业研发强度与绩效之间的正相关关系具有正向调节作用，即连续创业者拥有的混合经验越丰富，研发强度对连续创业绩效的正向影响越强。这一结论与 Carbonara 等（2019）学者的研究结果相一致，支持连续创业者会从成功以及失败的创业经验中学习知识并调整研发强度以适应竞争激烈市场的观点。究其原因，在竞争激烈的商业环境中，企业连续创业需要技能和经验的不同组合探索新的创业机会。同时经历过成功和失败的连续创业者面对机遇和风险时表现出更为机敏的洞察力，预测并根据市场远景和需求制定前瞻性研发投入策略，从而在竞争中率先采取行动获得先发优势，极大地促进组织成长和盈利能力的增强。

（3）创业次数对连续创业企业研发强度与绩效间正向关系具有正向调节作用，即创业次数增多，在一定程度上指导连续创业者发挥研发强度最大效用，促进绩效提升，与 Gompers（2010）的研究结论一致。可见，创业次数多的连续创业者依托过往丰富的创业经历评估再次创业风险和未来收益，偏好投入更多精力和财力于技术开发和成果转化。具体而言，创业次数推动连续创业企业利用研发投入改善企业绩效的正向作用主要表现在认知路径、决策判断、管理自信等方面。相较于创业次数少的创业者，拥有多次创业经验的连续创业者从先前经验中反复学习如何从有限的信息中识别创业机会以及潜在收益等，乐观看待研发风险，从而跳出风险认知的固有模式探寻研发新路径和创业新机会。

（4）先前经验相关性对研发强度与连续创业绩效之间关系的调节作用并不显著，这在一定程度上反映出连续创业者先前行业相关经验存在不确定性。这一结论与 Rocha 等（2015）学者在行业经验与创业绩效之间关系研究中提出的观点相悖。结果可能归因于连续创业者的行业经验与现实情况的动态适配问题，维度不完全相似带来的学习障碍造成知识和技术运用的低成效（Gottschalk et al.，2017）。一方面，由于研发投入创新产出需要一定反应时间，不确定的边际成本和边际收益使得保守型连续创业者对研发投入决策更为谨慎。在此情境下，基于自身行业相关创业经验学习和创业导向驱动，连续创业者往往对高风险性研发活动盲目自信，忽略高研发强度是否适用新创业环境以及如何动态调整等问题，未能从研发角度提升企业价值。另一方面，特定行业、特定创业行为的有关专业知识积累不一定在动态环境变化中适用。换言之，高度相关的先前经验不代表具有普适性，反而固化的认知框架会制约对新兴事物的了解吸收和对研发决策的判断，对特定经验和创业路径依赖性较高，影响连续创业企业绩效的改善。研究结论说明连续创业者应该从多维度认知视角对具有高度相关性的先前经验进行再构，形成适应新的创业环境的经验网络，充分发挥对研发强度与连续创业绩效的调节作用，促进连续创业企业成长。

5.2　管理启示

5.2.1　创业企业视角

从创业企业视角，针对组织、研发以及动态能力提出建议如下：

第一，加大创新研发投入，提升创新产出能力。聚焦先前经验所在的特定领域，加大研发投入，厚植企业核心优势的关键动力，更能推动连续创业中的迭代创新与发展后劲。

第二，优化组织管理策略，促进资源高效配置。选择具备混合经验、创业次数较多的创业者作为合伙人更有利于促进研发经费产出，实现企业可持续发展。

第三，注重创业团队培养，鼓励先前经验转移转化。面对创新创业环境的复杂性和不确定性，一个强大、全面、有经验的创业团队是企业创业成功的关键要素之一。

5.2.2　连续创业者视角

连续创业者在创业过程中总结自身的直接经验，实践"学中干"思想，将经验知识转化为创业实践的资源与能力。连续创业者将先前经验的隐性知识转化为创业企业经营管理的显性知识时，可以通过以下途径实现：

一是加强自身知识储备，增加连续创业混合经验，提高战略决策效率，降低战略决策的风险，加快企业创业绩效提升速度；

二是吸纳创业团队成员观点，鼓励团队成员将先前经验释放，提升创业团队专业素养与风险应对能力，整合异质创业经验，在"求同存异"模式中探索有利企业成长的创业新模式；

三是匹配先前经验类型，动态调整创业模式以适应新的创新需求。

5.2.3　政府视角

研发强度增强能有效提升连续创业者的创业绩效，因此如何强化研发强度、支持再次创业是政策关注的重点。

首先，政府应通过研发费用刺激政策，借鉴研发费用加计扣除的形式，以企业研发投入强度为基准，向连续创业企业提供不同研发标准的研发投入资金或设备支持。

其次，为提高创业成功率，政府部门鼓励创业主体建立创新中试平台，提供创业试验田。在减少社会资源消耗的同时，能够提供给创业者学习的机会与空间，增加创业者混合经验，提升创业团队动态能力。

最后，以创新创业政策倾斜支持创业信息共享平台以及创业者学习交流平台搭建，鼓励拥有丰富经验的连续创业者分享创业思维和创新路径，通过创业学习来提升创业水平，提高创业成功率。

5.3　局限与展望

本文由于连续创业者数据获取有限性，通过212个连续创业企业的截面数据进行研发强度、先前经验和连续创业绩效的研究，导致对连续创业者的个人特质和经验学习路径研究受限，且在时间维度研究较为薄弱。因此，未来研究中可以扩大研究范围，从国内外专业数据库中收集连续创业者及其企业相关数据，增强研究结论的普适性，拓宽理论研究结果适用范围。注重研究时间序列视角的连续创业者如何动态学习先前经验知识，动态跟踪连续创业者经验学习行为，将其应用于研发决策和企业绩效提升行为。

◎ 参考文献

［1］ Carbonara, E., Tran, H. T., Santarelli, E. Determinants of novice, portfolio, and serial entrepreneurship: An occupational choice approach［J］. Small Business Economics, 2019, 55（1）.

［2］ Cassar, Gavin. Industry and startup experience on entrepreneur forecast performance in new firms［J］. Journal of Business Venturing, 2014, 29（1）.

［3］ Chiao, Y., Yang, K., Yu, C. J. Performance internationalization and firm-specific advantages in a newly-industrialized economy［J］. Small Business Economics, 2006, 26（26）.

［4］ Cope, J. Entrepreneurial learning and critical reflection: Discontinuous events as triggers for higher-level learning［J］. Management Learning, 2003, 34（4）.

［5］ Eggers, J. P., Song, L. Dealing with failure: Serial entrepreneurs and the costs of changing industries between ventures［J］. Academy of Management Journal, 2015, 58（6）.

［6］ Esther, Goya, Esther, et al. Innovation spillovers and firm performance: Micro evidence from Spain（2004-2009）［J］. Journal of Productivity Analysis, 2016, 45（1）.

［7］ Fischer, E. M., Reuber, A. R., Dyke, L. S. A theoretical overview and extension of research on sex, gender, and entrepreneurship［J］. Journal of Business Venturing, 1993, 8（2）.

［8］ Gompers, P., Kovner, A., Lerner, J., et al. Performance persistence in entrepreneurship［J］. Journal of Financial Economics, 2010, 96（1）.

［9］ Gottschalk, S., Greene, F., Müller, B. The impact of habitual entrepreneurial experience on new firm closure outcomes［J］. Small Business Economics, 2017, 48（2）.

［10］ Guo, B., Wang, J., Wei, S. X. R&D spending, strategic position and firm performance［J］. Frontiers of Business Research in China, 2018, 12（3）.

［11］ Mudambi, R., Swift, T. Knowing when to leap: Transitioning between exploitative and explorative

R&D［J］. Strategic Management Journal, 2014, 35（1）.

［12］ Nahata, R. Success is good but failure is not so bad either: Serial entrepreneurs and venture capital contracting［J］. Journal of Corporate Finance, 2019, 58（10）.

［13］ Parker, Simon, C. Do serial entrepreneurs run successively better-performing businesses?［J］. Journal of Business Venturing, 2013, 28（5）.

［14］ Patel, P. C. , Guedes, M. J. , Soares N. , et al. Strength of the association between R&D volatility and firm growth: The roles of corporate governance and tangible asset volatility［J］. Journal of Business Research, 2018, 88（7）.

［15］ Pradhan, R. P. , Arvin, M. B. , Nair, M. , et al. The dynamics among entrepreneurship, innovation, and economic growth in the Eurozone countries［J］. Journal of Policy Modeling, 2020, 42（5）.

［16］ Presutti, M. , Odorici, V. Linking entrepreneurial and market orientation to the SME's performance growth: The moderating role of entrepreneurial experience and networks［J］. International Entrepreneurship and Management Journal, 2019, 15（3）.

［17］ Rocha, V. , Carneiro, A. , Amorim, V. C. Serial entrepreneurship, learning by doing and self-selection［J］. International Journal of Industrial Organization, 2015, 40（5）.

［18］ Shepherd, D. A. Learning from business failure: Propositions of grief recovery for the self-employed［J］. Academy of Management Review, 2003, 28（2）.

［19］ Spivack, A. J. , Mckelvie, A. , Haynie, J. M. Habitual entrepreneurs: Possible cases of entrepreneurship addiction［J］. Journal of Business Venturing, 2014, 29（5）.

［20］ Toft-Kehler, R. , Wennberg, K. , Kim, P. Practice makes perfect: Entrepreneurial-experience curves and venture performance［R］. Ratio Working Papers, 2014, 29（4）.

［21］ Wen, C. , Yuewen, L. Game analysis on influence mechanism of equity incentive on R&D investments［J］. Review of Knowledge Economy, 2014, 1（1）.

［22］ Wiklund, J. , Shepherd, D. Entrepreneurial orientation and small business performance: A configurational approach［J］. Journal of Business Venturing, 2005, 20（1）.

［23］ Yuan, X. , Nishant, R. Understanding the complex relationship between R&D investment and firm growth: A chaos perspective［J］. Journal of Business Research, 2019, 129（5）.

［24］ Zhu, H. , Zhao, S. , Abbas, A. Relationship between R&D grants, R&D investment, and innovation performance: The moderating effect of absorptive capacity［J］. Journal of Public Affairs, 2019, 20（6）.

The Effect of R&D Intensity on Serial Entrepreneurial Performance: A Prior Experience Perspective

Peng Huatao[1, 2]   Li Shunjun[3]   Sun Tingshu[4]

(1, 3 School of Management, Wuhan University of Technology, Wuhan 430070,

2, 4 School of Entrepreneurship, Wuhan University of Technology, Wuhan 430070)

Abstract: R&D investment plays an important role in continuous entrepreneurship performance. but it is affected by multiple entrepreneurial experiences in the process of continuous entrepreneurship. The main conclusions are as follows: R&D intensity has a positive impact on continuous entrepreneurial performance. The mixed experience and start-up times of experience diversity positively moderate the relationship between R&D intensity and continuous entrepreneurial performance. The moderating effect of the empirical correlation dimension is not significant.

Key words: R&D intensity; Continuous entrepreneurial performance; Previous experience

专业主编：陈立敏

珞珈管理评论
2022 年卷第 4 辑（总第 43 辑）

Luojia Management Review
No. 4，2022（Sum. 43）

机构共同持股能促进企业创新吗？[*]
——基于融资约束的视角

● 王娟娟[1]　文　豪[2]　贺　晴[3]

（1，2，3　中南财经政法大学工商管理学院　430073）

【摘　要】机构共同持股作为资本市场上的一股新兴投资力量，对企业的高质量发展具有不可忽视的作用。本文探讨机构共同持股对企业创新的影响，通过 2010—2020 年我国上市公司数据实证分析，结果表明：（1）机构共同持股对企业创新具有显著的促进作用。（2）融资约束在机构共同持股对企业创新的影响中起到中介作用。（3）产品市场竞争和高管股权激励在机构共同持股对企业创新的影响中起到正向调节作用。（4）在异质性分析中发现，机构共同持股对企业创新产出的促进效果在民营企业、高科技企业中更明显；机构共同持股对企业创新投入的促进效果在民营企业和高科技企业中都显著。最后提出了相应的政策性建议。

【关键词】机构共同持股　企业创新　融资约束　产品市场竞争　高管股权激励

中图分类号：F273. 1　　　　文献标识码：A

1. 引言

近年来资本市场上出现了机构共同持股的现象，即同一机构投资者在同行业的多家企业控股或参股。上市公司由于相同机构投资者持股，之间的联系愈发紧密。美国上市公司中机构投资者在持股一家企业的同时也持股同行业企业普通股多于 5% 的占比从 20 世纪 80 年代的不到 1/10 上涨到 2014 年的约 3/5。而在我国也有大于 34% 的上市公司前十大股东中有着同时持有同行业企业普通股的机构投资者股东（杜勇等，2021），这种机构投资者在同一行业中持有多于一家上市公司股权的现象也被称为机构共同持股（He and Huang，2017；Chen et al.，2018）。虽然机构共同持股作为资本

---

* 基金项目：国家自然科学基金企业创新发展联合基金重点项目"开放环境下个体及群体行为发现辨识与风险监测预警"（项目批准号：U19B2004）。

通讯作者：文豪，E-mail：wenhao@ zuel. edu. cn。

市场上一种新兴的经济现象正在迅速发展，但是其理论研究依然比较匮乏（He and Huang，2017）。最近的研究表明，机构共同持股可以通过自身在同行业积累的信息和经验优势，提高企业的全要素生产率（杜勇和马文龙，2021），减少企业的盈余管理，改善公司治理（杜勇等，2021；Ramalingegowda et al.，2021），提高企业价值（周泰云等，2021），推动了企业的高质量发展。

创新是引领发展的第一动力（龚红和骆金箭，2018），对于现代化经济体系的建立来说更是有举足轻重的作用，一直以来都是被重点关注的话题。2020 年十九届五中全会，"创新"作为其中的一项重要内容，多个模块中都数次提到了，这更足以说明创新对我国发展战略的重要性。从宏观的角度来看，我国整体创新水平不断提高。从 2013 年开始，中国的全球创新指数①排名稳步上升，甚至超越了很多发达国家，在创新领域占据了全球领先位置。2021 年更是排名第 12 位，比上一年前进 2 位。这充分说明我国多年来对创新的支持和投入已经初见成效。但从微观层面的企业创新能力来看，中国企业目前创新水平还不足，企业的技术投入并没有完全转化为企业的技术进步（龚红和刘宇珊，2021）。如何提高企业的创新能力，是目前亟待解决的问题。

基于此，本文使用了我国 2010—2020 年上市公司数据，研究发现机构共同持股能促进企业创新。机制分析发现，机构共同持股通过缓解融资约束促进企业创新。在产品市场竞争激励以及股权激励较高的企业中，机构共同持股更能促进企业创新。

本文主要贡献如下：

第一，从机构共同持股视角拓展了国内有关企业创新的研究范围。以往研究从单个机构投资者以及按某标准划分机构投资者的角度研究对企业创新的影响，而本文则从机构共同持股同行业多家企业产生的关联效应角度研究相关主题。

第二，打破了机构共同持股对企业创新影响作用机制的黑箱，发现融资约束在机构共同持股与企业创新之间起到部分中介作用。

第三，现有研究较少关注共同机构投资者的异质性，不同上市公司的治理机制具有一定的差异性，本文构建了公司的内外部治理机制框架，考虑了产品市场竞争以及高管股权激励在机构共同持股对企业创新影响的调节作用。

第四，本文基于所有制类型、行业异质性以及市场化环境对机构共同持股与企业创新进行了进一步分析。这对于上市公司引入机构投资者、政府部门的监管引导等方面提供了一定的启示。

2. 理论分析与研究假设

2.1 机构共同持股与企业创新

我国资本市场的不断发展完善促使机构投资者在公司持股比例的提升，机构投资者为了维护自身的利益，在面对持股公司出现的种种问题时，往往会选择"用手投票"改善公司治理，促使自身

---

① 数据来源：世界知识产权组织 . 2021 年全球创新指数（第 14 版）［R］. 2021：6.

持股价值的提升，而不是"用脚投票"，直接抛售股票。机构共同持股投资者凭借自身在同行业积累的治理经验以及对行业的了解，积极行使股东权利，改善公司治理，提升公司的市场价值（周泰云等，2021）。

机构共同持股参与公司治理进而促进企业创新具有下列几个前提条件：首先，机构共同持股集中了投资者的力量，一方面持股比例大，具有投票权；另一方面，机构共同持股作为机构投资者吸引了大量的人才为其服务，因而其有能力参与公司的治理，在企业有不当决策时可以提出反对甚至以退出威胁（Hope et al.，2017）。其次，机构共同持股可以发挥自身的监督治理能力来促使企业创新，因为机构共同持股在同行业内最少持股两家公司，所以对一家公司深入了解并进行相应的监督治理之后将这份经验迁移到另外同行业公司的成本是比较低的，收益却相对较高（He et al.，2019）。

机构共同持股的投资目标是在风险调整后，实现自己所拥有的投资组合价值的最大化（He and Huang，2017）。出于这样的原因，有学者研究认为机构共同持股可以促进其投资组合公司之间的创新扩散，进而改善其持股公司整体的创新活动和价值（Kostovetsky and Manconi，2020）。根据社会网络理论（李梅和赵乔，2020），当机构共同持股的一家企业 A 进行创新活动时，机构共同持股可能会将此信息传递给其控股的同行业公司，这个传递过程可以通过多个渠道来完成：一是通过股东大会，在会议中将 A 公司的创新信息告知各位股东；二是通过与管理层的非正式沟通完成信息传递。接收到信息后，同行业公司很可能会选择增加自己的创新投入，以免在行业竞争中处于下风。此外，机构共同持股也可能通过行使自己的投票权等方式直接促进企业的创新投入，因为创新发生后，机构共同持股的公司可能会发生专利的引用与转让，创新转让首先有利于受让方，可以改进自身技术，促进自身产品优化；其次，转让方可以从技术转让中获得特许权使用费；最后，机构共同持股所持有的投资组合价值增加，机构共同持股从中获益。

综上所述，机构共同持股一方面具有普通机构投资者的特点，具有人才、资金优势，且退出成本高，倾向于参与公司治理，促进研发投入，从公司的长期发展中获取收益；另一方面，机构共同持股也具备普通机构投资者不具备的优势，可以凭借自己在同行业公司中积累的私有信息以及管理经验，充分了解到行业发展走向，更好地对管理者进行监督和知识分享，促进企业研发投入。因此，本文提出如下假设：

H1：机构共同持股能促进企业创新。

2.2　融资约束的中介作用

任何创新活动的顺利开展都离不开相当数量的资金支持，比较普遍的观点认为融资约束对企业创新有负向作用（Hovakimian，2011；任曙明和吕镯，2014）。有创新意愿的企业却常常受到融资约束的困扰。从创新活动的特性来看，创新活动具有复杂性和高度不确定性（龚红和彭玉瑶，2020），为了降低被同行"借鉴"甚至"抄袭"的风险，企业常常选择不向外界公开创新活动的详细信息以及开展情况，然而这也会导致外部投资人丧失对企业创新项目的投资热情。所以在面对融资约束时，企业可能会选择减少风险高而收益不确定的创新活动，导致研发不足（孙博等，2019）。当融资约束得到缓解时，企业又会选择增加研发投入（张杰等，2012）。

机构共同持股是资本市场上的重要参与者，通过在同行业持有多家企业获得的经验和规模优势对公司治理具有独特的影响。机构共同持股有动机去鼓励持股企业进行信息披露，当各个持股企业从信息披露中获得正外部性时，也有助于实现其投资组合价值最大化的目标（He and Huang，2017）。一方面，机构共同持股可以为自己持股企业带来披露收益，直接利益是提高企业自身流动性、降低资本成本，间接利益是从同行业公司的信息披露中获取自己需要的信息。另一方面，机构共同持股可以通过直接的沟通和股东提案以及间接的退出威胁来影响企业的披露决策。因而机构共同持股可以促进企业的信息披露（Park et al.，2019），缓解企业内外部的信息不对称。另外，作为机构投资者，机构共同持股本身就是对该企业看好的一个"信号"，有利于提升市场上其他投资者对企业的信心，增加对企业的投资。因此，本文提出如下假设：

H2：机构共同持股可以缓解企业的融资约束进而促进企业创新。

2.3　产品市场竞争的调节作用

产品市场竞争作为一项外部治理机制，对企业创新发挥着独特作用。之前学者的研究存在两种相反的观点：一种认为产品市场竞争可以促进企业创新，因为在激烈的竞争中只有选择不断的产品创新才可以占据更大的市场（Boone，2001）。另一种认为产品市场竞争越激烈，企业之间的相互模仿越严重，不利于创新（Grossman and Helpman，1991）。但是在产品市场竞争和其他公司治理机制交互作用的研究中，普遍认为产品市场竞争越激烈，治理机制越能促进企业创新。比如，李钧等（2020）发现产品市场竞争越激烈，管理层能力越能提升企业的创新绩效。宋竞等（2021）发现产品市场竞争程度提高能增强风险投资对技术创新的促进作用。

从机构共同持股的角度来看，被投资企业的创新活动会影响其获得的回报。产品市场竞争度较低时，由于行业内竞争小，企业不进行创新也可以占据市场，因此机构共同持股较少会选择介入企业的创新决策。而当产品市场竞争相对比较激烈时，企业唯有创新才不会被市场所淘汰，如果企业选择相互模仿不进行创新，不利于市场份额的扩大，最终会损害机构共同持股的利益。所以，为实现自己所拥有的投资组合价值的最大化（He and Huang，2017），机构共同持股会更多地参与企业的相关创新决策。一方面，机构共同持股可以通过自己持股多家同行业企业的优势，将所持股公司的创新消息传递给其持股的其他相关公司，其他相关公司为了不在行业竞争中落后，也会开展创新活动，进而使机构共同持股投资组合整体价值得到提升；另一方面，机构共同持股可以对企业进行有效且相对低成本的监督，同行业企业的生产情况、创新活动的特点都有其相似性，机构共同持股对同行业企业的了解使其比普通机构投资者可以进行更加有效的监督。曾春华等（2019）发现在高产品市场竞争下，长期机构投资者持股对企业创新的促进作用更明显。类似地，激烈的产品市场竞争也会强化机构共同持股在不同企业间的监督治理与创新消息共享，机构共同持股为了获取更多的创新回报，将利用其同行业的治理经验和创新知识指引管理层更为有效地部署创新资源，进行更为科学的创新管理，从而推动企业技术创新水平的提高。因此，本文提出如下假设：

H3：产品市场竞争越激烈，机构共同持股越能促进企业创新。

2.4　高管股权激励的调节作用

高管股权激励是促进企业创新的一种内部治理机制。从委托代理理论的角度来看，高管持有的股票增加后，他们和股东之间的矛盾会相对减少，高管会更加看重企业的长远利益而不是短期利益，因为企业的长远利益和他们的自身利益更加相符。注重长远利益的一个表现就是促进企业创新（李春涛和宋敏，2010）。此外，前景理论认为，未来情况会影响当下高管的行为，给予高管股权激励，让他们持有更多股票会影响高管关注未来的股票价值，他们会希望通过当下的决策使得未来企业股票升值，自己可以从中获益。所以，高管股权激励会让他们在创新活动中和股东的长期利益更加贴近，有利于创新活动的开展。在此基础上，也有学者将高管股权激励和其他的公司治理机制结合起来，研究两者的交互作用。比如彭秋萍等（2021）发现 CEO 持股比例增加，机构投资者调研对企业创新的促进效应将随之增强。

机构共同持股作为一股外部治理力量，可以促进企业信息披露进而缓解企业融资约束，也可以通过自身的行业经验加强对企业的监督，对自身投资组合企业进行行业知识共享，促进企业创新，但是机构共同持股作用的发挥也需要考虑企业内部的创新意愿和创新执行情况，高管作为企业决策的重要制定者和引导者，很可能会对机构共同持股与企业创新之间的关系产生一定影响。创新属于有一定风险性的企业活动，而根据委托代理理论及前景理论，当机构共同持股为企业带来行业内的创新知识和治理经验时，持股较多的高管将更少表现出行为短期化倾向，他们会更多地考虑股东利益和企业长期利益（Kahneman and Tversky，1979）。这也意味着，持股较多的高管将更积极把握共同机构持股给企业创新开展所带来的潜在益处，会使机构共同持股对企业创新的作用得到更好的发挥。因此，本文提出如下假设：

H4：高管股权激励越高，机构共同持股越能促进企业创新。

3. 研究设计

3.1　样本选择与数据来源

本文选择了 2010—2020 年 A 股上市公司进行研究，机构共同持股的 3 个衡量指标数据根据 CSMAR 数据库通过手工整理季度数据获得，专利数据来源于 CNRDS 数据库，研发投入数据来自 Wind 数据库，其他数据来自 CSMAR 数据库。对相关数据进行了下述处理：（1）剔除 ST 和 ST＊企业样本；（2）剔除金融业公司样本；（3）剔除相关数据缺失的样本。经过上述处理后，本文共获得 13167 个有效的公司—年度观测值。此外，为了消除极端值的影响，对涉及的连续型变量进行前后 1%的 Winsorize 处理。使用 Stata15.0 进行数据整理分析以及实证处理。

3.2　变量定义

（1）被解释变量：企业创新（CX）。本文分别从创新投入和创新产出两个角度对企业创新进行衡量。本文选择研发支出占销售收入的比重（RD）和发明专利申请数量的对数（patent1）作为被解释变量。因为发明专利更能体现企业的实质性创新，符合我国目前创新的发展方向，但当年的创新投入并不一定直接转化为专利申请数量，所以同时使用研发投入作为衡量创新的一个指标。专利数据呈现右偏态分布，因此对专利数量进行前后1%的缩尾处理后，再加1取自然对数，这样做可以最大程度减少遗漏变量。

（2）解释变量：机构共同持股（Coz_{it}）。参考已有文献（杜勇等，2021；Chen et al.，2018；He and Huang，2017），对机构共同持股按照下列标准进行确定：在季度上对在被投资企业持股大于等于5%的机构投资者进行保留，如果被保留的机构投资者在相同季度同行业的另外一家或者多家企业持股比例大于等于5%，则认为存在。选择5%来作为划分标准是因为在被投资企业拥有多于5%股份的投资人更能影响企业相关决策的制定（Beatty et al.，2013）。据此，本文使用3个指标来衡量机构共同持股，具体见表1。

（3）中介变量：融资约束（SA）。参考 Hadlock 和 Pierce（2010）以及鞠晓生等（2013）的研究，本文选择 SA 来衡量企业的融资约束，$SA = -0.737 \times Size + 0.0043 \times Size^2 - 0.04 \times Age$。其中 Size 是企业规模，用企业固定资产（百万元计）的对数来衡量；Age 是公司年龄，因为不包含内生性融资变量，所以具有较强的外生性。计算出的 SA 为负值，SA 越大，公司面对的融资约束越小。

（4）调节变量：产品市场竞争（Ratio4）和高管股权激励（Share）。参考周夏飞和周强龙（2014）的研究，使用行业内最大四家销售额占全行业销售额的比例（记作 Ratio4）来作为行业竞争程度的衡量指标，Ratio4 越小，企业面对的产品市场竞争越激烈。高管股权激励则参考李小荣和张瑞君（2014）的研究，使用高管总持股数/发股股数来衡量（记作 Share）。Share 越大，对高管的激励程度越高。

（5）控制变量。为排除其他因素的影响，本文对公司规模（Size）、财务杠杆（Lev）、盈利能力（ROA）、成长能力（Grow）、两职合一（Dual）、股权集中度（First）、独立董事规模（Indire）、分析师关注（ATT）、固定资产比率（Tan）、行业（Industry）和年份（Year）进行控制。

本文所有变量的测量方式如表1所示。

表1　　　　　　　　　　　　　　　　变　量　定　义

变量类型	变量代码	变量名称	变量测量
被解释变量	发明专利申请量	patent1	年度发明专利申请量+1取自然对数
	研发投入	RD	研发支出占销售收入的比重

续表

变量类型	变量代码	变量名称	变量测量
解释变量	是否存在机构共同持股	Coz1	在季度上，计算每家上市公司是否有共同机构投资者（持股比例不低于 5%的机构投资者在同行业其他上市公司持股比例 5%以上，取值 1，否则取值 0）
	机构共同持股联结程度	Coz2	在季度上，计算每家上市公司有多少名共同机构投资者，再求这一数据的年度均值，并加 1 取对数
	机构共同持股比例	Coz3	在季度上，计算所有共同机构投资者持股比例之和，再求年度平均
中介变量	融资约束	SA	$SA = -0.737 \times Size + 0.0043 \times Size^2 - 0.04 \times Age$ 其中 Size 是企业规模，用企业固定资产（百万元计）的对数来衡量；Age 是公司年龄
调节变量	高管股权激励	Share	高管总持股数/发股股数
	产品市场竞争	Ratio4	行业内最大四家销售额占全行业销售额的比例
控制变量	公司规模	Size	总资产的自然对数
	财务杠杆	Lev	资产负债率
	盈利能力	ROA	资产收益率
	成长能力	Grow	营业收入增长率
	两职合一	Dual	董事长、总经理为同一人取 1，否则取 0
	股权集中度	First	第一大股东持股比例
	独立董事规模	Indire	独立董事人数/董事会人数
	分析师关注	ATT	分析师数量+1 取自然对数
	固定资产比率	Tan	固定资产净额/总资产
	行业	Industry	行业虚拟变量，属于该行业取 1，否则取 0
	年份	Year	年份虚拟变量，属于该年取 1，否则取 0

3.3　模型设计

为验证机构共同持股对企业创新的影响，本文构建了控制行业和年度的如下 OLS 模型，其中 CX 为创新的代理变量，由 patent1 和 RD 来衡量；Coz_{it} 表示机构持股情况，由 Coz1、Coz2 和 Coz3 表示；CVs_{it} 为前文所述的控制变量，Industryfe 和 Yearfe 分别表示行业和年份固定效应。

$$CX_{it} = \alpha_0 + \alpha_1 Coz_{it} + \alpha CVs_{it} + \sum Industryfe + \sum Yearfe + \varepsilon_{it} \quad (1)$$

为了验证假设融资约束在机构共同持股与企业创新之间的中介作用，本文参考温忠麟和叶宝娟（2014），在模型（1）的基础上增加了融资约束变量 SA_{it}，构建如下中介模型：

$$CX_{it} = \alpha_0 + \alpha_1 Coz_{it} + \alpha CVs_{it} + \sum Industryfe + \sum Yearfe + \varepsilon_{it} \tag{2}$$

$$SA_{it} = \beta_0 + \beta_1 Coz_{it} + \beta CVs_{it} + \sum Industryfe + \sum Yearfe + \varepsilon_{it} \tag{3}$$

$$CX_{it} = \gamma_0 + \gamma_1 Coz_{it} + \gamma_2 SA_{it} + \gamma CVs_{it} + \sum Industryfe + \sum Yearfe + \varepsilon_{it} \tag{4}$$

为了检验产品市场竞争的调节作用，在模型（1）的基础上增加了产品市场竞争和产品市场竞争与机构共同持股的交乘项；为了检验高管股权激励的调节作用，在模型（1）的基础上增加了高管股权激励和高管股权激励与机构共同持股的交乘项，分别构建如下调节模型：

$$CX_{it} = \lambda_0 + \lambda_1 Coz_{it} + \lambda_2 Coz_{it} \times Ratio4_{it} + \lambda_3 Ratio4_{it} + \lambda CVs_{it} + \sum Industryfe + \sum Yearfe + \varepsilon_{it} \tag{5}$$

$$CX_{it} = \delta_0 + \delta_1 Coz_{it} + \delta_2 Coz_{it} \times Share_{it} + \delta_3 Share_{it} + \delta CVs_{it} + \sum Industryfe + \sum Yearfe + \varepsilon_{it} \tag{6}$$

4. 实证分析

4.1　相关性分析

为初步观察和测量各种变量之间的相关性和多重共线性，本文对机构共同持股与企业创新进行了 Pearson 相关性检验，统计结果见表 2。从主要变量的相关系数矩阵中，本文发现，表示企业创新产出的指标 patent1 和机构共同持股指标（Coz1、Coz2、Coz3）之间的 Pearson 相关系数分别可以通过 1%、1%、5%水平的统计假设检验，这两者之间存在显著的正相关关系，该结果初步支持了本文的假设 H1，尽管机构共同持股指标和企业创新投入 RD 之间的 Pearson 相关系数的符号并不符合我们的假设，但这可能是因为没有控制其他变量的结果，更加严谨的实证分析会通过下文控制其他变量之后的回归来进行。其余各变量之间的相关系数大多在 0.2 左右，处在合理范围。综上所述，本文变量之间并不存在严重的多重共线性问题。

表 2　　　　　　　　　　　　　　　　　相关性分析

	patent1	RD	Coz1	Coz2	Coz3	SA	Share	Ratio4
patent1	1							
RD	0.195 ***	1						
Coz1	0.041 ***	−0.027 ***	1					
Coz2	0.036 ***	−0.034 ***	0.987 ***	1				
Coz3	0.021 **	−0.069 ***	0.783 ***	0.820 ***	1			
SA	0.061 ***	0.081 ***	0.002	0.015 *	0.042 ***	1		
Share	0.021 **	0.169 ***	−0.108 ***	−0.109 ***	−0.112 ***	0.172 ***	1	

续表

	patent1	RD	Coz1	Coz2	Coz3	SA	Share	Ratio4
Ratio4	−0.095 ***	−0.213 ***	−0.018 **	−0.01	0.034 ***	0.065 ***	−0.030 ***	1
Size	0.076 ***	−0.299 ***	0.301 ***	0.314 ***	0.302 ***	−0.121 ***	−0.331 ***	0.126 ***
Lev	0.026 ***	−0.335 ***	0.134 ***	0.143 ***	0.161 ***	−0.131 ***	−0.278 ***	0.116 ***
ROA	0.081 ***	0.040 ***	0.002	−0.004	−0.045 ***	0.039 ***	0.184 ***	−0.068 ***
Grow	−0.008	−0.011	−0.021 **	−0.022 **	−0.031 ***	0.038 ***	0.089 ***	−0.015 *
Dual	−0.011	0.137 ***	−0.080 ***	−0.083 ***	−0.101 ***	0.092 ***	0.447 ***	−0.039 ***
First	−0.003	−0.190 ***	0.071 ***	0.075 ***	0.153 ***	0.112 ***	0.007	0.161 ***
Indire	−0.001	0.070 ***	0.012	0.01	−0.002	0.052 ***	0.123 ***	0.007
ATT	0.166 ***	0.037 ***	0.108 ***	0.107 ***	0.063 ***	0.087 ***	0.022 **	0.046 ***
Tan	−0.028 ***	−0.266 ***	0.090 ***	0.101 ***	0.125 ***	0	−0.160 ***	0.048 ***

表 2　　　　　　　　　　　　　　　　　　相关性分析续表

	Size	Lev	ROA	Grow	Dual	First	Indire	ATT	Tan
Size	1								
Lev	0.589 ***	1							
ROA	−0.122 ***	−0.397 ***	1						
Grow	−0.029 ***	0.017 *	0.251 ***	1					
Dual	−0.214 ***	−0.153 ***	0.069 ***	0.046 ***	1				
First	0.196 ***	0.097 ***	0.078 ***	−0.039 ***	−0.029 ***	1			
Indire	0.006	−0.011	0.016 *	0.005	0.121 ***	0.073 ***	1		
ATT	0.280 ***	−0.004	0.382 ***	0.115 ***	0.007	0.044 ***	0.027 ***	1	
Tan	0.151 ***	0.136 ***	−0.123 ***	−0.103 ***	−0.090 ***	0.123 ***	−0.057 ***	−0.054 ***	1

注：本文的研究结果数据是根据回归输出结果进行的分析整理；其中 t 值是经过稳健标准误调整后的数值；*** 、** 、* 分别表示在 1%、5% 和 10% 水平下显著。

4.2　基本回归结果

从表 3 发现在控制了相关变量之后，是否存在机构共同持股、机构共同持股联结程度以及机构共同持股比例对 patent1 的回归系数均在 1% 的水平下显著为正，对 RD 的回归系数均在 1% 的水平下显著为正，这说明机构共同持股可以促进企业创新。本文的假设 H1 得到验证。

表3 机构共同持股与企业创新回归分析

变量	（1）	（2）	（3）	（4）	（5）	（6）
	patent1	patent1	patent1	RD	RD	RD
Coz1	0.1454***			1.1670***		
	（3.0431）			（9.2495）		
Coz2		0.1813***			1.5955***	
		（2.7817）			（9.5608）	
Coz3			0.4151***			2.9506***
			（2.7616）			（9.9042）
控制变量	Yes	Yes	Yes	Yes	Yes	Yes
年份固定效应	Yes	Yes	Yes	Yes	Yes	Yes
行业固定效应	Yes	Yes	Yes	Yes	Yes	Yes
N	13167	13167	13167	13167	13167	13167
R^2	0.1041	0.1040	0.1040	0.3452	0.3452	0.3437

注：本文的研究结果数据是根据回归输出结果进行的分析整理；其中 t 值是经过稳健标准误调整后的数值；*** 、** 、* 分别表示在 1%、5% 和 10% 水平下显著。

4.3 中介效应检验

接下来使用温忠麟的三步法进行中介效应检验。首先使用 patent1 作为因变量来设置模型。如表 4 所示，在控制了相关变量之后，Coz1、Coz2、Coz3 对融资约束 SA 的回归系数都在 1% 上显著。将 SA 加入回归模型后，SA 对 patent1 的回归系数在 1% 上显著，而 Coz1、Coz2、Coz3 对 patent1 的回归系数变小了，说明机构共同持股通过缓解融资约束促进企业创新。表 5 同理。本文的假设 H2 得到验证。

表4 融资约束对企业创新产出的中介效应检验

变量	（1）	（2）	（3）	（4）	（5）	（6）
	SA	patent1	SA	patent1	SA	patent1
Coz1	0.0200***	0.1349***				
	（2.6449）	（2.8420）				
Coz2			0.0417***	0.1595**		
			（3.8492）	（2.4604）		
Coz3					0.1209***	0.3521**
					（4.6748）	（2.3599）

续表

变量	（1）	（2）	（3）	（4）	（5）	（6）
	SA	patent1	SA	patent1	SA	patent1
SA		0.5241*** （9.6108）		0.5227*** （9.5828）		0.5210*** （9.5523）
控制变量	Yes	Yes	Yes	Yes	Yes	Yes
年份固定效应	Yes	Yes	Yes	Yes	Yes	Yes
行业固定效应	Yes	Yes	Yes	Yes	Yes	Yes
N	13167	13167	13167	13167	13167	13167
R^2	0.2467	0.1109	0.2474	0.1107	0.2482	0.1107

注：本文的研究结果数据是根据回归输出结果进行的分析整理；其中 t 值是经过稳健标准误调整后的数值；***、**、* 分别表示在 1%、5% 和 10% 水平下显著。

表5   融资约束对企业创新投入的中介效应检验

变量	（1）	（2）	（3）	（4）	（5）	（6）
	SA	RD	SA	RD	SA	RD
Coz1	0.0200*** （2.6449）	1.1332*** （9.1076）				
Coz2			0.0417*** （3.8492）	1.5257*** （9.2714）		
Coz3					0.1209*** （4.6748）	2.7487*** （9.3615）
SA		1.6917*** （11.2302）		1.6729*** （11.1006）		1.6700*** （11.0627）
控制变量	Yes	Yes	Yes	Yes	Yes	Yes
年份固定效应	Yes	Yes	Yes	Yes	Yes	Yes
行业固定效应	Yes	Yes	Yes	Yes	Yes	Yes
N	13167	13167	13167	13167	13167	13167
R^2	0.2467	0.3511	0.2474	0.3509	0.2482	0.3494

注：本文的研究结果数据是根据回归输出结果进行的分析整理；其中 t 值是经过稳健标准误调整后的数值；***、**、* 分别表示在 1%、5% 和 10% 水平下显著。

4.4　调节效应检验

机构共同持股、产品市场竞争与企业创新的回归结果如表 6 所示，产品市场竞争与机构共同持股的交互项 Ratio4×Coz1、Ratio4×Coz2、Ratio4×Coz3，在用企业发明专利申请量作为被解释变量时，其回归系数分别在 10%、5% 的水平下显著为负；在用企业研发投入作为被解释变量时，其回归系数分别在 10%、10% 的水平下显著为负。这说明在产品市场竞争较激烈的企业中，机构共同持股更能发挥其促进企业创新的作用。本文的假设 H3 得到验证。

表 6　　　　　　　　　　　　　　**产品市场竞争的调节效应检验**

变量	（1）	（2）	（3）	（4）	（5）	（6）
	patent1	patent1	patent1	RD	RD	RD
Coz1	0.1245*** (2.5922)			1.0313*** (8.5614)		
Ratio4×Coz1	−0.3054 (−1.5341)			−1.0223* (−1.9580)		
Coz2		0.1568** (2.4021)			1.4269*** (8.7491)	
Ratio4×Coz2		−0.4521* (−1.7018)			−1.1324* (−1.6620)	
Coz3			0.4686*** (3.0679)			2.7843*** (8.2659)
Ratio4×Coz3			−1.3406** (−2.3529)			−1.3736 (−1.1166)
Ratio4	−0.2675*** (−4.4761)	−0.2978*** (−4.9736)	−0.3003*** (−5.0422)	−2.1923*** (−11.7691)	−2.2840*** (−12.5562)	−2.3264*** (−12.7866)
控制变量	Yes	Yes	Yes	Yes	Yes	Yes
年份固定效应	Yes	Yes	Yes	Yes	Yes	Yes
行业固定效应	Yes	Yes	Yes	Yes	Yes	Yes
N	13167	13167	13167	13167	13167	13167
R^2	0.1057	0.1056	0.1059	0.3528	0.3527	0.3516

注：本文的研究结果数据是根据回归输出结果进行的分析整理；其中 t 值是经过稳健标准误调整后的数值；***、**、*分别表示在 1%、5% 和 10% 水平下显著。

机构共同持股、高管股权激励与企业创新的回归结果如表 7 所示。表中高管股权激励与机构共同持股的交互项 Share×Coz1、Share×Coz2、Share×Coz3，在用企业发明专利申请量作为被解释变量时，其回归系数分别在 1%、1%、1% 的水平下显著为正；在用企业研发投入作为被解释变量时，其回归系数分别在 5%、5%、5% 的水平下显著为正。这说明在企业高管股权激励较高的企业中，机构共同持股更能发挥其促进企业创新的作用。本文的假设 H4 得到验证。

表 7   高管股权激励的调节效应检验

变量	（1）	（2）	（3）	（4）	（5）	（6）
	patent1	patent1	patent1	RD	RD	RD
Coz1	0.2273*** (4.2791)			1.3701*** (8.1171)		
Share×Coz1	0.6655*** (3.3532)			1.6597** (2.3707)		
Coz2		0.3078*** (4.1463)			1.9079*** (8.0715)	
Share×Coz2		0.9792*** (3.4460)			2.4245** (2.4183)	
Coz3			1.4780*** (4.3877)			5.1788*** (5.3663)
Share×Coz3			5.5557*** (3.5224)			11.6458** (2.5431)
Share	0.1325*** (4.0396)	0.1982*** (5.3804)	0.2654*** (5.4409)	0.2333** (2.1308)	0.3928*** (3.1955)	0.5116*** (3.3968)
控制变量	Yes	Yes	Yes	Yes	Yes	Yes
年份固定效应	Yes	Yes	Yes	Yes	Yes	Yes
行业固定效应	Yes	Yes	Yes	Yes	Yes	Yes
N	13167	13167	13167	13167	13167	13167
R^2	0.1066	0.1065	0.1070	0.3461	0.3461	0.3446

注：本文的研究结果数据是根据回归输出结果进行的分析整理；其中 t 值是经过稳健标准误调整后的数值；***、**、*分别表示在 1%、5% 和 10% 水平下显著。

4.5 稳健性检验

4.5.1 工具变量法

借鉴之前的研究，是否属于沪深 300 指数（in）以及是否被沪深 300 指数剔除（exit）可能会改变机构共同持股对上市公司的选择，但是并不会直接影响到上市公司的创新情况，因为是否属于沪深 300 指数不是根据上市公司的创新情况。所以本文选择证交所给出的上述两个指标作为工具变量，分别记为 in 和 exit。因为证交所每年都会对这个指数进行调整，如果当年某公司在指数内，in 记为 1，不在指数内记为 0；如果当年某公司被该指数剔除，那么 exit 记为 1，没有被剔除记为 0。使用两阶段最小二乘法（2SLS）进行工具变量检验，为了缓解扰动项可能存在的异方差对实证结果的干扰，同时使用高斯混合模型（GMM）进行检验。表 8 为二阶段回归结果，从结果可以发现经过工具变量的拟合调整后，2SLS 和 GMM 回归中机构共同持股联结程度对上市公司的创新产出回归系数分别为 4.3758、4.2329，依然在 1% 的显著水平上为正；对创新投入回归系数分别为 22.0906、22.0361，依然在 1% 的显著水平上为正，说明本文的主要研究结论是稳健的。是否属于沪深 300 指数和是否被沪深 300 指数剔除这两个工具变量的 F 统计量大于 10，说明工具变量非弱工具变量。由于模型中的内生变量只有一个也就是机构共同持股联结程度，而选择的工具变量有两个，大于内生变量的个数，因此可能存在工具变量过度识别问题，为了解决此问题，进行 Hansen J 检验，P 值大于 0.1，说明本文选取的工具变量是外生的，比较合理。

表 8　　　　　　　　　　　　工具变量二阶段回归结果

变量	企业创新		企业创新	
	二阶段（2SLS）		二阶段（GMM）	
	（1）	（2）	（3）	（4）
	patent1	RD	patent1	RD
Coz2	4.3758 ***	22.0906 ***	4.2329 ***	22.0361 ***
	(3.1133)	(4.3269)	(3.0586)	(4.3234)
控制变量	3.3028 **	39.4435 ***	3.1468 *	39.3783 ***
	(2.0252)	(6.5917)	(1.9588)	(6.5992)
年份固定效应	Yes	Yes	Yes	Yes
行业固定效应	Yes	Yes	Yes	Yes
N	13167			
Hansen J statistic	2.111			
P-val of Hansen J statistic	0.1462			

注：本文的研究结果数据是根据回归输出结果进行的分析整理；其中 t 值是经过稳健标准误调整后的数值；***、**、* 分别表示在 1%、5% 和 10% 水平下显著。

4.5.2　PSM 检验

为进一步缓解选择偏误问题，本文采用倾向性得分匹配法检验内生性。因为无法测量已被共同机构投资者持股的上市公司如果没有被持股时企业创新情况会如何变化，所以本文将拥有共同机构投资者的公司作为处理组，根据上市公司的相关指标数据在没有机构共同持股的上市公司中找到一个最相似的公司，即匹配组，然后通过对比两者的创新水平来估算出机构共同持股的处理效应，通过判断处理效应是否显著进而判断企业创新水平的提高是否机构共同持股带来的。以一系列控制变量（Size、Lev、ROA、Grow、Age、Dual、First、Indire、ATT、Tan）作为处理组的匹配变量；然后，使用一对一最近邻匹配为处理组寻找特征相似的对照组。PSM 的检验结果显示，企业创新 patent1 和 RD 的平均处理效应均值分别在 10% 和 1% 水平上显著。回归结果如表 9 所示，Coz2 对 patent1 的回归系数在 5% 水平下显著为正，Coz3 对 patent1 的回归系数在 1% 水平下显著为正；Coz2 对 RD 的回归系数在 1% 水平下显著为正，Coz3 对 RD 的回归系数在 1% 水平下显著为正。这意味着，在使用合理方法解决了内生性问题的情况下，本文的假设 H1 仍然成立，机构共同持股对企业创新依旧具有正向作用。

表 9　　　　　　　　　　　　　　　　　PSM 回归结果

变量	（1）	（2）	（3）	（4）
	patent1	patent1	RD	
Coz2	0. 2234 ** （2. 5449）		1. 6629 *** （8. 0561）	
Coz3		0. 5582 *** （2. 8698）		2. 9752 *** （7. 7781）
控制变量	Yes	Yes	Yes	Yes
年份固定效应	Yes	Yes	Yes	Yes
行业固定效应	Yes	Yes	Yes	Yes
N	2025	2025	2025	2025
R^2	0. 1633	0. 1643	0. 4127	0. 4080

注：本文的研究结果数据是根据回归输出结果进行的分析整理；其中 t 值是经过稳健标准误调整后的数值；*** 、 ** 、 * 分别表示在 1%、5% 和 10% 水平下显著。

4.5.3　滞后一期因变量

考虑到机构共同持股对企业创新的基础回归可能存在两者互为因果所导致的内生性，本文将主要被解释变量即企业创新滞后 1 期，重新回归进行检验，结果如表 10 所示。说明在消除因果倒置产生的内生性问题后，本文的结论依然成立，机构共同持股可以提高企业的创新水平，前文的结果比较稳健。

表 10　　　　　　　　　　　　　　　　滞后一期因变量回归结果

变量	（1）	（2）	（3）	（4）	（5）	（6）
	patent1	patent1	patent1	RD	RD	RD
Coz1	0.1630***			1.1284***		
	（2.7084）			（7.3737）		
Coz2		0.1918**			1.5389***	
		（2.3537）			（7.6536）	
Coz3			0.4380**			2.9179***
			（2.3744）			（8.5570）
控制变量	Yes	Yes	Yes	Yes	Yes	Yes
年份固定效应	Yes	Yes	Yes	Yes	Yes	Yes
行业固定效应	Yes	Yes	Yes	Yes	Yes	Yes
N	9499	9499	9499	9499	9499	9499
R^2	0.0986	0.0984	0.0984	0.3444	0.3444	0.3434

注：本文的研究结果数据是根据回归输出结果进行的分析整理；其中 t 值是经过稳健标准误调整后的数值；***、**、*分别表示在1%、5%和10%水平下显著。

4.6　进一步分析

为了更详细地探讨机构共同持股对企业创新的影响，本文对不同企业的创新投入（RD）与创新产出（patent1）进行回归分析。

4.6.1　不同所有制企业的分组检验

本文根据企业的所有权性质分为国有企业和民营企业，分别回归，从而探讨机构共同持股在控制了一系列变量并且固定了行业、年份的基础上，对这两类不同所有制企业创新水平的回归结果，表11和表12汇报了机构共同持股对这两类不同所有制企业创新情况的不同影响。表11是机构共同持股对企业发明专利申请量的回归结果，从表11的第（2）、（4）、（6）列发现，是否存在机构共同持股、机构共同持股联结程度以及机构共同持股比例对民营企业创新水平的回归系数分别为0.3436、0.4812、1.4897，均在1%的水平下显著为正，而是否存在机构共同持股、机构共同持股联结程度、机构共同持股比例对国有企业创新水平的回归系数都不显著。表12是机构共同持股对企业研发支出的回归结果，从表12发现，是否存在机构共同持股、机构共同持股联结程度以及机构共同持股比例对国有企业和民营企业创新水平的回归系数均在1%的水平下显著为正。国有企业中的经理人较之非国有企业中的职业经理人，从事创新项目的动力不足，机构共同持股对创新产出的作用将受到影响。而机构共同持股往往可以通过行业内知识共享以及缓解融资约束来促进企业进行创新投入，所以无论国有企业还是非国有企业，机构共同持股都能显著促进其创新投入。

表 11　　　　　　　　　机构共同持股与不同所有制类型企业创新产出

变量	（1）	（2）	（3）	（4）	（5）	（6）
	patent1	patent1	patent1	patent1	patent1	patent1
Coz1	0.0143 (0.2447)	0.3436*** (5.4960)				
Coz2			0.0457 (0.5837)	0.4812*** (5.4104)		
Coz3					0.1986 (1.3393)	1.4897*** (4.2092)
控制变量	Yes	Yes	Yes	Yes	Yes	Yes
年份固定效应	Yes	Yes	Yes	Yes	Yes	Yes
行业固定效应	Yes	Yes	Yes	Yes	Yes	Yes
N	3882	9285	3882	9285	3882	9285
R^2	0.1497	0.0884	0.1498	0.0883	0.1501	0.0872

注：本文的研究结果数据是根据回归输出结果进行的分析整理；其中 t 值是经过稳健标准误调整后的数值；***、**、* 分别表示在 1%、5% 和 10% 水平下显著。

表 12　　　　　　　　　机构共同持股与不同所有制类型企业创新投入

变量	（1）	（2）	（3）	（4）	（5）	（6）
	RD	RD	RD	RD	RD	RD
Coz1	0.7128*** (5.3674)	1.6000*** (7.7604)				
Coz2			0.9949*** (5.5790)	2.2297*** (7.6018)		
Coz3					1.9847*** (5.8837)	6.6975*** (5.7340)
控制变量	Yes	Yes	Yes	Yes	Yes	Yes
年份固定效应	Yes	Yes	Yes	Yes	Yes	Yes
行业固定效应	Yes	Yes	Yes	Yes	Yes	Yes
N	3882	9285	3882	9285	3882	9285
R^2	0.3104	0.3262	0.3108	0.3260	0.3114	0.3242

注：本文的研究结果数据是根据回归输出结果进行的分析整理；其中 t 值是经过稳健标准误调整后的数值；***、**、* 分别表示在 1%、5% 和 10% 水平下显著。

4.6.2　不同行业企业的分组检验

为了检验机构共同持股在不同行业之间对创新的效应，本文将企业按照行业分为高科技行业和非高科技行业。本文参考李涛和陈晴（2020）对高科技行业的界定以及国家统计局在《高技术产业统计资料整理公布格式》中公布的 17 个行业，将化学原料和化学制品制造业、医药制造业、化学纤维制造业、通用设备制造业、电器机械和器材制造业、计算机、通信和其他电子设备制造业、电信、广播电视和卫星运输服务、软件和信息技术服务业划分为高科技行业。其余行业为非高科技行业。表 13 和表 14 汇报了机构共同持股对这两类行业企业创新的不同影响。从表 13 第（1）、（3）、（5）列发现，是否存在机构共同持股、机构共同持股联结程度以及机构共同持股比例对高科技行业企业创新产出的回归系数分别为 0.2292、0.3273、0.9942，均在 1% 的水平下显著为正，而是否存在机构共同持股、机构共同持股联结程度、机构共同持股比例对非高科技行业企业创新的回归系数都不显著。这说明机构共同持股对高科技行业企业创新产出的促进作用要大于非高科技行业。从表 14 中发现，是否存在机构共同持股、机构共同持股联结程度以及机构共同持股比例对高科技行业企业和非高科技行业企业创新投入的回归系数均在 1% 的水平下显著为正。这可能是因为机构共同持股可以缓解融资约束，促进企业创新投入，在高科技行业中，企业发明专利创新机会更多，行业背景更注重发明专利创新；而在非高科技行业企业中，发明专利创新空间相对较小，创新投入可能会用于企业其他类型的创新——外观专利以及实用新型专利的创新。

表 13　　　　　　　　　　　　　机构共同持股与不同行业企业创新产出

变量	（1）	（2）	（3）	（4）	（5）	（6）
	patent1	patent1	patent1	patent1	patent1	patent1
Coz1	0.2292***	0.0359				
	（3.7598）	（0.6709）				
Coz2			0.3273***	0.0209		
			（3.8058）	（0.2916）		
Coz3					0.9942***	0.1201
					（4.2343）	（0.8437）
控制变量	Yes	Yes	Yes	Yes	Yes	Yes
年份固定效应	Yes	Yes	Yes	Yes	Yes	Yes
行业固定效应	Yes	Yes	Yes	Yes	Yes	Yes
N	6062	7105	6062	7105	6062	7105
R^2	0.0809	0.1238	0.0810	0.1238	0.0815	0.1239

注：本文的研究结果数据是根据回归输出结果进行的分析整理；其中 t 值是经过稳健标准误调整后的数值；***、**、* 分别表示在 1%、5% 和 10% 水平下显著。

表 14　　　　　　　　　　　　　机构共同持股与不同行业企业创新投入

变量	（1）	（2）	（3）	（4）	（5）	（6）
	RD	RD	RD	RD	RD	RD
Coz1	1.0773 ***	0.9326 ***				
	（5.2531）	（7.1648）				
Coz2			1.4753 ***	1.2785 ***		
			（5.0986）	（7.3400）		
Coz3					3.8667 ***	2.1364 ***
					（4.8928）	（6.1538）
控制变量	Yes	Yes	Yes	Yes	Yes	Yes
年份固定效应	Yes	Yes	Yes	Yes	Yes	Yes
行业固定效应	Yes	Yes	Yes	Yes	Yes	Yes
N	6062	7105	6062	7105	6062	7105
R^2	0.3193	0.2824	0.3192	0.2826	0.3189	0.2810

注：本文的研究结果数据是根据回归输出结果进行的分析整理；其中 t 值是经过稳健标准误调整后的数值；*** 、** 、* 分别表示在 1%、5% 和 10% 水平下显著。

5. 研究结论和管理建议

机构共同持股对企业发展有重要意义。本文以 2010—2020 年上市 A 股企业为样本，参考已有文献（He and Huang, 2017；Chen et al., 2018；杜勇等，2021）的研究，根据国泰安数据库中机构投资者的数据，从是否存在机构共同持股、机构共同持股联结程度以及机构共同持股比例三个角度构建出机构共同持股指标，在此基础上，探究了机构共同持股对企业创新的影响，进行了理论分析和实证检验；本文还从机构共同持股促进企业创新的作用机制出发，发现融资约束在机构共同持股与企业创新之间起到部分中介作用；此外，本文还将企业外部治理力量的机构共同持股与外部治理机制——产品市场竞争以及企业内部治理机制——高管股权激励结合起来，研究了产品市场竞争和高管股权激励对机构共同持股与企业创新之间关系的影响。本文研究的结论对于企业实现创新与优质发展具有一定的现实启示，也对机构投资者和政府部门有一定启示意义。

第一，对于我国政府部门而言，首先应当重视并且引导机构共同持股积极参与资本市场，激发机构共同持股对企业创新的积极作用。针对机构共同持股在资本市场参与程度越来越高以及其对上市公司创新具有促进作用的情况，证监会等相关机构可以制定一些措施来保证机构共同持股在同行业持股的连续性，拓展其参与度，保障其权益，推动资本市场的平稳健康发展，并且在合理范围内扩大机构共同持股的持股规模，以此来促进企业创新，不断提高我国创新的质量。此外，鉴于融资约束是制约企业创新的重要因素，政府部门应当拓宽企业的融资渠道，降低企业的融资成本，为企业创新提供坚实的物质保障。

第二，上市公司应当利用好机构共同持股对公司产生的积极作用。上市公司的董事会和管理层要意识到机构共同持股可以为公司带来新鲜活力，推动公司创新，应当吸引其持股自身企业，借助机构共持股可以缓解企业融资约束的优势，促进企业创新。对高管进行激励是缓解企业代理问题的一种手段，本文研究中发现对高管进行股权激励有助于促进企业创新，所以企业想要提高创新水平可以适度对高管进行股权激励。产品市场竞争越激烈，机构共同持股越能促进企业创新，因而处于激烈产品市场竞争中的企业也应当积极引入并利用好机构共同持股，在竞争中取得优势。尤其是民营企业和高科技行业企业，更应当把握好机构共同持股对创新产出的促进作用，促进自身企业的创新。

第三，对于机构投资者来说，它们对同行业企业持股比例的增加以及构建更加深入的联结关系都能够对我国企业的创新产生促进作用，因而机构共同持股可以加大对同行业企业的投资规模，促进相互之间的合作，把自身在同行业企业的治理经验进行有效迁移，缓解企业的融资约束，推动企业在激烈的市场竞争中提升创新水平，完善被投资公司治理，自身也可以通过企业的创新获取收益。

◎ 参考文献

[1] 杜勇，马文龙．机构共同持股与企业全要素生产率 [J]．上海财经大学学报，2021，23（5）．

[2] 杜勇，孙帆，邓旭．共同机构所有权与企业盈余管理 [J]．中国工业经济，2021（6）．

[3] 龚红，刘宇珊．政府非研发补贴、企业研发投入与创新可持续性——基于高科技企业的实证研究 [J]．珞珈管理评论，2021（4）．

[4] 龚红，骆金箭．市场竞争越激烈，创新投入越高吗？——知识产权保护的调节作用 [J]．珞珈管理评论，2018（3）．

[5] 龚红，彭玉瑶．技术董事、CEO 开放性与企业创新可持续性——基于中国高科技上市公司的实证研究 [J]．珞珈管理评论，2020（2）．

[6] 鞠晓生，卢荻，虞义华．融资约束、营运资本管理与企业创新可持续性 [J]．经济研究，2013（1）．

[7] 李春涛，宋敏．中国制造业企业的创新活动：所有制和 CEO 激励的作用 [J]．经济研究，2010，45（5）．

[8] 李钧，柳志娣，王振源．管理层能力对企业创新绩效的影响研究——产权性质与产品市场竞争的调节作用 [J]．华东经济管理，2020，34（6）．

[9] 李梅，赵乔．研发国际化与企业创新绩效：基于社会网络理论视角 [J]．珞珈管理评论，2020（2）．

[10] 李涛，陈晴．异质机构投资者、企业性质与科技创新 [J]．工业技术经济，2020，39（3）．

[11] 李小荣，张瑞君．股权激励影响风险承担：代理成本还是风险规避？[J]．会计研究，2014（1）．

[12] 彭秋萍，钟熙，周怀康．祸福相依：机构投资者调研对企业创新的双刃剑效应 [J]．管理工程学报，2022，36（4）．

［13］任曙明，吕镯．融资约束、政府补贴与全要素生产率——来自中国装备制造企业的实证研究［J］．管理世界，2014（11）．

［14］宋竞，胡顾妍，何琪．风险投资与企业技术创新：产品市场竞争的调节作用［J］．管理评论，2021，33（9）．

［15］孙博，刘善仕，姜军辉，等．企业融资约束与创新绩效：人力资本社会网络的视角［J］．中国管理科学，2019，27（4）．

［16］温忠麟，叶宝娟．中介效应分析：方法和模型发展［J］．心理科学进展，2014，22（5）．

［17］张杰，芦哲，郑文平，等．融资约束、融资渠道与企业 R&D 投入［J］．世界经济，2012，35（10）．

［18］周泰云，邢斐，姚刚．机构交叉持股对企业价值的影响［J］．证券市场导报，2021（2）．

［19］周夏飞，周强龙．产品市场势力、行业竞争与公司盈余管理——基于中国上市公司的经验证据［J］．会计研究，2014（8）．

［20］曾春华，张弛，陈险峰．机构投资者能促进企业创新吗？——基于"经理人职业生涯假说"的视角［J］．海南大学学报（人文社会科学版），2019，37（2）．

［21］Beatty, A., Liao, S., and Yu, J. J. The spillover effect of fraudulent financial reporting on peer firms' investments［J］. Journal of Accounting and Economics, 2013, 55（2-3）.

［22］Boone, J. Intensity of competition and the incentive to innovate［J］. International Journal of Industrial Organization, 2001, 19（5）.

［23］Chen, Y., Li, Q., and Ng, J. Institutional cross-ownership and corporate financing of investment opportunities［R］. SSRN Working Paper, 2018.

［24］Grossman, G. M., and Helpman, E. Quality ladders in the theory of growth［J］. The Review of Economic Studies, 1991, 58（1）.

［25］Hadlock, C. J., and Pierce, J. R. New evidence on measuring financial constraints: Moving beyond the KZ index［J］. The Review of Financial Studies, 2010, 23（5）.

［26］He, J., and Huang, J. K. Product market competition in a world of cross-ownership: Evidence from institutional blockholdings［J］. The Review of Financial Studies, 2017, 30（8）.

［27］He, J., Huang, J., and Zhao, S. Internalizing governance externalities: The role of institutional cross-ownership［J］. Journal of Financial Economics, 2019, 134（2）.

［28］Hope, O. K., Wu, H., and Zhao, W. Blockholder exit threats in the presence of private benefits of control［J］. Review of Accounting Studies, 2017, 22（2）.

［29］Hovakimian, G. Financial constraints and investment efficiency: Internal capital allocation across the business cycle［J］. Journal of Financial Intermediation, 2011, 20（2）.

［30］Kahneman, D., and Tversky, A. Prospect theory: An analysis of decision under risk［J］. Econometrica, 1979, 47（2）.

［31］Kostovetsky, L., and Manconi, A. Common institutional ownership and diffusion of innovation［R］. SSRN Working Paper, 2020.

［32］ Park，J．，Sani，J．，and Shroff，N．，et al. Disclosure incentives when competing firms have common ownership ［J］. Journal of Accounting and Economics，2019，67（2-3）.

［33］ Ramalingegowda，S．，Utke，S．，and Yu，Y． Common institutional ownership and earnings management ［J］. Contemporary Accounting Research，2021，38（1）.

Can Institutional Joint Ownership Promote Enterprise Innovation？
—From the Perspective of Financial Constraints

Wang Juanjuan[1]　Wen Hao[2]　He qing[3]

（1，2，3　School of Business Administration，Zhongnan University of Economics and Law，Wuhan，430073）

Abstract：As an emerging external governance force，institutional joint ownership can promote the realization of high-quality development of enterprises. Using the data of Chinese listed companies frcm 2010 to 2020，this paper finds that institutional joint ownership plays a significant role in promoting enterprise innovation. Financial constraints play an intermediary role in the impact of institutional joint ownership on enterprise innovation. Product market competition and executive equity incentive play a positive regulatory role in the impact of institutional joint ownership on enterprise innovation. Further heterogeneity analysis shows that the promotion effect of institutional co ownership on enterprise innovation output is more obvious in private enterprises and high-tech enterprises. The promotion effect of institutional joint ownership on enterprise innovation investment is significant in private enterprises and high-tech enterprises. This paper explores the realization mechanism and micro basis of institutional joint ownership affecting enterprise innovation，and the research conclusions provide reference guidance and suggestions for promoting enterprise innovation.

Key words：Institutional joint ownership；Enterprise innovation；Financial constraints；Product market competition；Executive equity incentive

专业主编：陈立敏

过去影响现在：连续组织变革中认知迁移和认知—产出互惠研究[*]

● 骆元静[1]　杜　旌[2]

（1　华中农业大学经济管理学院　武汉　430070；

2　武汉大学人力资源管理研究中心　武汉　430072）

【摘　要】中国企业正经历着频繁和持续的变革，包括激进式变革如企业重组改制和渐进式变革如持续技术改进。与单一变革相比，组织连续变革中以往变革会对当前变革产生显著影响，即过去影响现在。目前研究主要关注组织单一变革，很少涉及连续变革。基于社会认知理论，本文构建组织连续变革中过去影响现在的理论模型，具体研究命题包括：（1）组织连续变革中存在变革认知迁移，即连续变革中员工以往变革认知迁移至当前并影响当前变革认知；（2）变革中员工认知和产出相互促进，形成变革认知—产出互惠，即员工当前变革认知影响当前变革投入和产出，进而又作用于当前变革认知的过程；（3）以往变革和当前变革相似性、变革获益分享对上述关系的积极情景作用。

【关键词】组织连续变革　认知迁移　认知—产出互惠　变革相似性　变革获益分享

中图分类号：F272　　　　　　文献标识码：A

1. 引言

在当今竞争激烈的全球经济中，变革已成为企业组织现代管理的主旋律（Brazzale et al.，2021；Chung et al.，2013）。我国市场经济、企业科学化管理起步晚，企业需要在很短时间内，走完西方发达国家企业几十年走过的道路，才有可能在激烈竞争环境中生存和发展。因此，相对于西方发达国家，我国企业经历着更为频繁和持续的组织变革（Russe，2020；Chen et al.，2018；张蕴萍等，2021；

* 基金项目：中央高校基本科研业务费专项基金项目"智能设备非工作使用对员工的双刃剑作用"（项目批准号：2662021JGQD009）；国家自然科学基金面上项目"脏工作如何不脏？中国情境下肮脏工作的内涵结构、作用机制及干预策略研究"（项目批准号：71972149）。

通讯作者：骆元静，E-mail：yjluo206@ mail. hzau. edu. cn。

朱苏丽等，2022），这些变革既包括激进式变革（如企业重组和改制），也包含渐进式变革（如激励制度修改和调整）（Gersick，1991）。

现阶段我国企业组织变革的特点之一是连续变革，但现有研究仍主要关注单一变革，较少探索连续变革下组织和个人行为反应及影响结果（Carter et al.，2013）。与单一变革相比，组织连续变革中以往变革会对当前变革产生影响，即过去影响现在（Rafferty and Restubog，2010；Plowman et al.，2017；Rafferty and Restubog，2017）。这种潜在的影响具体体现在三个方面。

第一，连续变革中认知迁移（social-cognitive process of transference）（Berk and Andersen，2000），即连续变革中员工对以往变革的认知会迁移至当前变革，影响员工对当前变革的判断。过去的经验会影响人们对当前事物的认知加工过程，即社会认知理论（social cognitive theory）（Bandura，2001）所指出的人们会将过去对人或事的判断迁移至当前，影响其对当前相似人或事的判断，进而对个体当前认知加工和行为决策产生影响（Verosky and Todorov，2013；Belschak et al.，2020；Anderson and Chen，2002）。这种认知迁移每天都发生在我们生活中，也同样发生在连续变革的组织情景中。连续变革过程中，员工对以往变革所形成的关于变革意义和变革重要性的判断，会影响员工对当前变革意义和重要性的再次加工。例如，若员工以往经验中对变革形成"变革就是折腾人"的消极认识，则更倾向于对当前变革的潜在积极作用持怀疑态度，进而降低员工对当下变革的参与程度（Rafferty and Restubog，2017）。

第二，认知—产出互惠与认知迁移形成连续变革中的认知循环。变革中的认知—产出互惠（reciprocal causation of cognition-output）（Wood and Bandura，1989），是指从有关变革的认知到变革投入、变革产出再到变革认知的相互作用。组织变革并非一蹴而就，而是需要经历变革初期的发起、中期的实施以及后期的调整和完成。在这个过程中，员工变革认知并非一成不变，而可能与员工行为存在相互促进的作用关系（Belschak et al.，2020；Rafferty and Minbashian，2019；Wood and Bandura，1989）。例如，变革初期员工认识到变革的重要性会促使员工积极投入变革，员工的变革投入会使变革有效实施，进而给员工带来积极产出和收益。这些产出和收益，反过来会提升员工变革后期对变革意义的正向认识。在连续变革中，认知迁移与认知—产出互惠形成认知的循环回路，即以往变革认知迁移并影响当前变革初认知、当前变革投入和产出影响当前变革后认知，再进入新的一轮认知迁移和认知—产出互惠循环。

第三，组织变革获益分享、以往变革与当前变革相似性对连续变革中员工认知循环的情景作用。组织变革的根本目标是让组织和员工共同成长和发展，当组织愿意与员工积极分享变革收益时，员工才能从变革投入中获得收益，形成良性的认知—投入和产出互惠，从而愿意更好地投入下一轮的变革（Bandura and Adams，1977）。从以往变革过渡到当前变革的过程中，以往和当前变革相似性会调节变革认知迁移，从而影响员工在连续变革中的认知循环。这种相似性是指变革发起、变革领域、变革实施策略等方面的相似程度（Herold et al.，2008）。当以往和当前变革相似性高时，迁移过程更易于发生，因此员工变革认知迁移作用会更强。

如图 1 所示，本文将对组织连续变革中过去影响现在的机制进行论述，并提出研究命题，最后对研究的理论贡献和局限进行阐述。

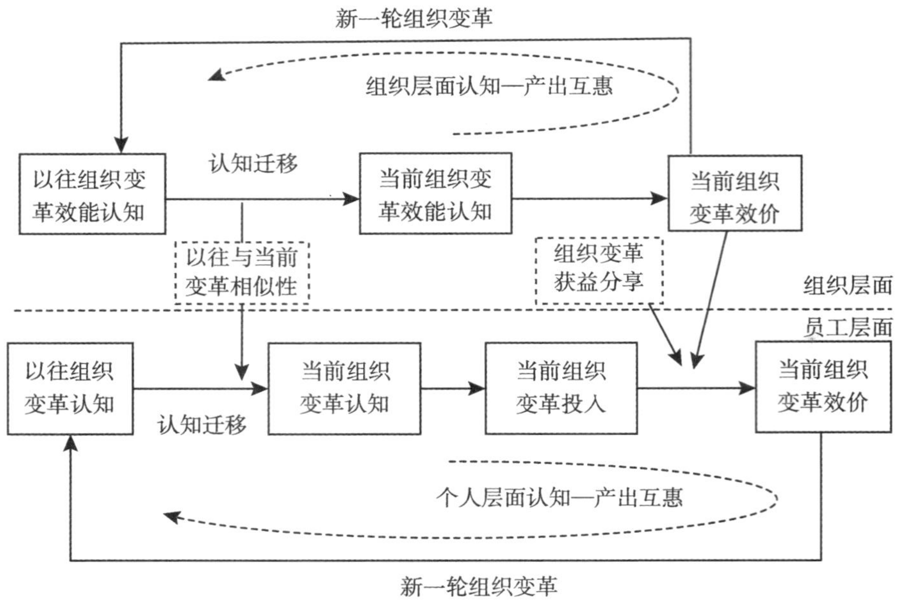

图 1 研究模型

2. 理论基础

本研究基于社会认知理论，探索连续变革中个体层面员工变革认知和组织层面组织效能认知循环的理论机制。社会认知理论（Bandura，1986）阐述了个体和环境因素相互作用对个体认知和行为的影响过程。该理论核心假设是，人们从个人以往经验中学习，也通过观察他人行为和这些行为结果进行学习。个体的这种学习会形成对自己的自我效能认知。自我效能是社会认知理论的核心构念，也被称作自我效能感（self-efficacy）（Bandura，1982，1997），是指个体对自己能否成功完成某一任务的认知，这种认知会影响个体对完成任务的投入水平。Bandura（1997）指出自我效能形成主要受三个方面的因素影响，分别是个体以往成功的经验、积极社会劝说、可以替代的榜样。在自我效能研究基础上，学者们开始关注团队成员对团队成功完成某一特定任务的认知，即团队效能（team efficacy）（Zhang et al.，2022）。已有大量研究发现自我效能和团队效能对个体和团队绩效的积极作用（Rapp et al.，2014；Zhang et al.，2022）。为了分析组织绩效，Bohn（2002）将效能概念扩展到组织，提出了组织效能概念（organizational efficacy）（Du et al.，2015），即员工对组织完成特定任务、达成特定目标能力的认知。组织效能反映出员工对组织应对挑战、完成变革目标能力的效能认知（Yaakobi and Weisberg，2018）。

通过上述理论回顾可以看出，员工对组织是否能成功完成变革的认知会受到员工以往经验的影响（Bandura，1986）。这种认知在组织层面是指组织变革效能，即组织成功完成变革的能力

（Du et al.，2015）。在个体层面是指个体的变革认知，即员工对变革意义、重要性和有效性的认知（Bouckenooghe et al.，2009）。Spreitzer（1995）指出员工对当前所从事工作的意义认识程度会显著影响员工的变革行为。许多变革研究关注变革的执行过程（how）（Furst and Cable，2008；Shin et al.，2012；Huy et al.，2014），其目标都是改善或改进员工的变革认知（Oreg et al.，2018），促进员工参与变革（Balogun and Johnson，2004），降低其变革抵制乃至离职倾向（Biggane et al.，2017）。

基于社会认知理论，我们认为组织变革效能和员工变革认知会影响员工变革投入，进而作用于组织变革效价（Bandura，1986）。组织变革效价是指组织变革的有效性（Chung et al.，2017）。变革效价分为组织层次的变革效价和个人层次的变革效价，组织层次变革效价是指变革对组织绩效的改进，包括财务指标提升、运营和流程、产品市场占有率等（Oreg et al.，2018）；个人层次的变革效价是指组织变革对个人工作的影响，包括对员工带来的收益或者损失，如增加工作负荷或工作流程的复杂性、薪酬变动、职业发展等（Chung et al.，2017）。当前组织变革效价是个体当前变革的经验，会影响未来组织变革中的员工变革认知。因此，个体所经历过去变革会影响当前变革认知，进而影响当前变革投入和变革效价（Oreg et al.，2018），这种当前经验又会影响个体未来变革时的认知，即个体层面员工变革认知和组织层面组织效能认知会形成循环。接下来，我们具体讨论这个循环过程中的机制。

3. 理论模型和研究命题

3.1 连续变革中认知迁移

认知迁移（transference of cognition）是指人们对过去人或事的判断会迁移至当前，影响对当前人和事的认知（Berk and Andersen，2000）。社会认知理论指出人们会将以往发生的典型事件形成图式（schema）并储存在记忆中，一旦有相似事件发生，就会激活人们的记忆图式，从而启动基于过去经验的对当前事件的认知和判断（Bandura，1997；Turk and Salovey，1985）。Bargh（1994）发现这种过去经验影响人们当前判断的过程是一种自动无意识的不受人控制的本能反应。认知迁移作为人类自我保护的本能，有利于人们在信息不足的情形下，迅速加工处理当前事件，减少认知加工当前事件所需的时间和精力，避免危险发生。认知迁移还是个体认知闭合的需求，也就是说个体为了保持认知的一致性，避免内心认知冲突和焦虑，需要基于过去的经验来解释现在发生的事件（Markus and Zajonc，1985）。刻板效应与认知迁移既有联系也有区别，两者都陈述了过去经验对现在判断的影响，但刻板效应主要是对当前的人或事与记忆中的某类人或事物进行比较判断，而认知迁移是将过去典型人或事件的情感、认知迁移到当前的人或事上（Przybylinski and Andersen，2015）。例如最早有关认知迁移研究主要集中在恋人和医患关系之间，研究个体将以前恋人的认知迁移至当前恋人，或患者将对以前医生的依赖迁移至当前医生（Andersen et al.，1995）。

随着有关认知迁移研究的深入，学者们开始将认知迁移应用到组织行为领域。学者们发现组织中的员工会把过去所形成人际关系的认知经验应用到当前的人际关系中，特别当过去和当前人际对象具有高相似性时（Bargh，1994）。Ritter 和 Lord（2007）研究了领导更替时，员工将在新旧领导间进行认知迁移。研究指出在日常工作中，上下级关系对员工发挥重要影响，因此足够构成典型事件，使员工在领导更替时，将前任领导的认知迁移至新任领导（Ritter and Lord，2007）。这些认知包含领导公平对待下属、领导的辱虐行为等。实验结果证实当领导特质特征相似度越高，员工将前任领导认知迁移至当前领导的倾向性就越高。

认知迁移也会发生在组织变革中，即在连续变革过程中，员工以往的变革认知也会迁移至当前变革。人们大多是风险规避的，打破常规、推行变革对任何人都有很大的冲击，足以在员工认知中形成典型事件（Rafferty and Restubog，2017）。尽管每次变革不同，但不变的都是变化，这种"变化"本质的相似性，能够激发员工认知迁移（Ritter and Lord，2007）。其次，员工需要认知迁移。变革都具有不确定性，为了规避这种不确定性给员工本人带来的威胁，员工需要基于自己以往对变革的认知，来认识当前的变革，从而决定自己应对变革的策略。因此，在连续变革中，员工过去变革的认知会迁移至当前变革，影响当前变革中的认知。在个体层面，员工对变革意义和重要性认知会迁移至当前变革。在组织层面，员工有关组织成功完成变革能力的认知聚合在组织层面所形成的组织变革效能，也会从以往变革迁移至当前变革，影响当前组织效能认知。

命题 1：在个体层面，以往变革认知将迁移至当前变革，即以往员工变革认知对当前员工变革认知有显著影响作用。

命题 2：在组织层面，以往组织变革效能认知将迁移至当前变革，即以往组织变革效能认知对当前组织变革效能认知有显著影响作用。

3.2　变革相似性在认知迁移中的调节作用

当以往事件与当前事件相似程度越高，认知迁移发生可能性也越大（Ritter and Lord，2007）。因此，以往和当前变革越相似，变革认知越有可能发生迁移。变革相似性是指以往变革和当前变革在变革发起者、变革领域、变革执行策略三个方面的相似性（Herold et al.，2007；Herold et al.，2008）。当以往和当前变革发起者是同一高管或高管团队时，员工们更有可能采用以往变革的认识经验来判断当前变革。例如，当同一发起者通过以往变革切实改进了组织效率，则员工有可能认为该管理者发起当前变革也是出于"公心"而不是"私心"或政治斗争等。而当不同发起人发起变革时，则员工有可能会质疑变革目的，降低将以往变革认知迁移至当前变革的倾向性。

除了变革发起者以外，变革内容也是变革要素的重要方面。但每次变革的内容都会有所不同，不过在同一领域内的变革，其内容有一定的相似性。如在组织产品或技术变革领域的变革，其本质内容有一定相似性，因此本研究采用变革领域来代替变革内容。具体变革领域包括产品或技术变革、市场营销变革、行政人事变革（Rafferty and Minbashian，2019）。同一领域的变革过程、变革效用会有一定相似性。例如，产品和技术变革所带来的效用较为容易判断，市场营销变革的效用则受外界因素影响较大，而行政人事变革对员工切实利益影响较大，且容易被误读为组织内部政治斗争。由于发生在相同领域内的变革其相似性比较高，在同领域内变革认知迁移的可能性也会增大。例如，员工可能会将以往无效的行政人事变革加标签为"折腾人的变革"（Bandura，1997），并把这个标签迁移到当前的行政人事领域变革。但对于当前其他领域的变革，过去行政人事领域变革的这个标签作用会有所降低。

Furst 和 Cable（2008）将变革执行策略分为两大类，分别是软策略和硬策略。软策略包含员工咨询和迎合员工，其本质是邀请员工共同参与到变革决策和执行中；而硬策略主要包含变革制裁和合法化，即采用由上至下的压迫，迫使员工执行变革（赵晶等，2012）。变革的不确定性使员工难以判断变革未来产出，而将当前变革执行策略与以往变革策略进行比较，从而判断未来变革可能的结果，是一种降低个人不确定性的有效认知路径。当策略相近时，员工更有可能将以往变革认知迁移到当前变革中（Ritter and Lord，2007）。

总的来说，变革发起者、变革领域、变革执行策略作为变革相似性的三个维度均有可能对员工变革认知迁移产生情景化影响。变革发起者是指发起变革的高管或高管团队，变革领域包括产品或技术变革、市场营销变革、行政人事变革，变革执行策略是指变革推行时是采取硬策略还是软策略（硬策略如压迫执行，软策略如与员工磋商和迎合员工）。变革相似性这三个维度对变革认知迁移具有正向调节作用，即当以往和当前变革在这三个维度上具有高相似性时，变革认知迁移作用增强。

命题 3：以往与当前变革相似性调节个体和组织层面变革认知迁移，当相似性高时，连续变革中认知迁移作用增强：

（a）当以往与当前变革由同一人或同一管理团队发起时，以往变革认知迁移至当前变革认知作用增强；

（b）当以往与当前变革在同一领域中进行时，如产品或技术变革、市场营销变革、行政人事变革，以往变革认知迁移至当前变革认知作用增强；

（c）当以往与当前变革通过类似的策略来推动时，如软策略（与员工磋商和迎合员工）、硬策略（压迫执行），以往变革认知迁移至当前变革认知作用增强。

3.3　变革中的认知—产出互惠

变革中的认知—产出互惠，是指员工变革中的认知促进员工变革投入进一步提升变革产出，即变革效价。变革产出又会反过来提升员工有关变革的认知，使员工更加认识到变革的意义和重要性。这个过程可以简略表达为：变革初期变革认知→变革投入和变革产出→变革后期变革认知。有关认知—产出互惠最早的研究来源于自我效能认知研究（Bandura，1977）。Bandura（1977，1982，2001）指出个体对于自我能力的认知和个体绩效是高度相关、互为因果关系的，即自我效能认知能够提升个体绩效，个体绩效也能够促进自我效能认知。通俗地讲，就是信心→成功→信心的循环过程。有关认知—产出互惠在教育学领域已有大量研究，例如 Mone、Baker 和 Jeffries（1995）实证研究了美国215 名大学生的学习过程，发现这些大学生的学习自我效能认知和他们的考试成绩存在显著互惠关系，自我效能认知显著提升考试成绩，反过来考试成绩也促进学生的自我效能认知。

尽管有关认知—产出互惠的研究很多，但关注组织变革中员工变革认知与员工投入和产出之间关系的研究并不充分（Rafferty and Minbashian，2019）。组织变革并非一蹴而就，而是需要经历变革初期的发起、中期的实施以及后期的调整和完成。在这个过程中，员工变革认知与员工产出会存在相互促进的作用关系。首先，变革初期员工认识到变革的重要性会促使员工积极投入变革，变革投入使得变革有效实施，进而给员工带来积极的产出和收益（Bandura，2001）。从变革中获得实效的员工会认识到变革确实能够改变组织绩效和提升个体产出，切实认识到变革的重要性。类似的互惠关系也会发生在组织层面：组织变革效能意味着大家认为"我们能成功实施变革"，这种信心会提升员工集体投入的愿望，员工们的变革投入又将有助于变革有效推进。当组织变革在员工们的支持下得以完成，取得的成绩则可以进一步提升员工们对组织成功执行变革的信心，即形成信心→成功→信心的循环（Wood and Bandura，1989）。

命题 4：在个体层面，当前员工变革认知通过员工变革投入、员工变革效价的中介作用，促进下一轮组织变革的以往变革认知。

命题 5：在组织层面，当前组织变革认知通过组织变革效价，促进下一轮组织变革的组织效能认知。

3.4 组织变革获益分享

组织变革获益分享是指组织是否能及时将变革取得的收益与员工分享，以及分享程度的大小，其重要内容之一是变革中的绩效薪酬策略（He et al.，2021）。组织变革获益分享策略制定了变革获得收益后员工分享的比例，这一定程度上反映出员工的变革投入与收益的比例。因此，组织变革获益分享程度直接影响员工的变革分配公平感，即影响员工对自己投入和产出是否公平的感知（Adams，1965；Dlouhy and Casper，2021）。组织变革的根本目标是让组织和员工共同成长和发展，当组织愿意与员工积极分享变革收益时，员工能从变革投入中获得收益，形成良性的认知—产出互惠，从而愿意更好地投入下一轮的变革（Bandura，1977；Rodell and Colquitt，2009）。如果组织只向员工分享很少部分的变革收益，或甚至不分享变革收益，则员工只能通过变革提高自己的技能，而不能享受变革带来的物质收益，这将显著降低员工对变革的积极认知，破坏员工认知—产出互惠。我们基于公平理论，探索组织变革获益分享对连续变革中认知—产出互惠的调节作用，基本假设是当变革获益分享程度越高，认知—产出互惠作用越强。

命题 6：组织变革获益分享调节员工变革认知—产出互惠关系：当组织的变革获益对员工有高程度分享时，员工变革投入与员工变革效价关系增强，从而加强个体层面员工变革认知—产出互惠关系。

命题 7：组织变革效价对员工变革效价有显著积极作用，变革获益分享策略调节组织变革效价与员工变革效价关系：当组织的变革获益对员工有高程度分享时，组织变革效价对员工变革效价的积极作用增强。

基于以上研究命题，可以看出在连续变革中，认知—产出互惠与认知迁移形成认知循环回路。在个体层次这个循环是：以往变革认知→当前变革认知→当前变革投入→当前变革效价；在组织层次这个循环是：以往组织效能认知→当前组织效能认知→当前组织变革效价。而后这些循环将再进入新的一轮认知迁移和认知—产出互惠循环。上述理论机制如图 1 所示。

4. 研究讨论和贡献

员工对组织变革的认知是影响员工变革投入的关键，也决定了组织变革能否有效实施。研究连续变革中员工的认知循环规律，可以为我国企业进行连续有效的组织变革提供理论依据和实践指导，并丰富组织变革的理论研究。研究以变革中的员工认知为主线，基于认知迁移和认知—产出互惠两种认知规律，探索连续变革中的认知循环，从个体层面和组织层面揭示连续变革中以往变革对当前变革的影响机制。

研究的具体理论贡献体现在以下两个方面：

（1）基于社会认知理论，研究探索了连续变革中的认知迁移，即员工过去变革的认识会影响其对当前变革的认识。我国企业目前都在进行持续不断的变革，在连续变革中以往变革也会对当今变革产生影响（Rafferty and Restubog，2017）。但目前已有研究多只关注单一组织变革，较少探索连续变革中认知规律（Rafferty and Minbashian，2019）。

（2）连续变革中的认知循环。员工关于变革认知不是一成不变的，而是应当遵循一定变化规律（Du et al.，2015）。社会认知理论认为认知和产出存在着相互促进的作用关系（Belschak et al.，2020），即认知—产出互惠，表现在当前变革初认知→当前变革投入和产出→当前变革后认知这一过程之中。探索员工变革认知和产出相互促进的作用关系，可以丰富我们对社会认知理论的认识。

研究的实践贡献主要体现在探索连续变革中认知循环的情景因素。在认识了连续变革的认知循环后，如何干预这种循环，使循环向有利于变革方向调整呢？研究探索以往变革和当今变革相似性、组织变革获益分享两个主要变革特征，对连续变革中认知迁移、认知—产出互惠的情景作用。如果目前变革与以往变革相似程度很高，变革实施者则需要更加注意以往对现在的影响。如果这种影响是消极的，变革实施者要投入精力与员工进行沟通，强调当前变革与以往的不同点，突出当前变革的必要性和重要性。变革收益分享对连续变革也有很大权变作用。基于组织分配公平理论，变革实施者应当尽可能为员工争取权益，增加员工在变革中的获得感，从而提升员工对变革的认知。

5. 研究局限和未来展望

没有完美的研究，本研究也存在局限，主要体现在三个方面：

（1）研究有效拓展了社会认知理论，但需要考虑其他理论的潜在作用机制。例如社会信息加工理论（social information theory）（Salancik and Pfeffer，1978）中也涉及个体认识现在需要基于以往的信息和经验，公平启发理论（fairness heuristic theory）（Van den Bos et al.，1997）也指出我们认识变革公平会根据以往的信息来对当下做出判断。未来研究可以基于这些理论，构建更为清晰的理论模型。

（2）理论研究需要实证检验，但实证研究难度较大。探索连续变革中变革认知迁移和变革认知—产出互惠，需要进行两轮或两轮以上的组织变革研究。考虑到每个变革的周期都比较长，因此实证研究数据收集存在样本流失的风险，难度较大。未来研究可以依托正在进行的组织变革作为连续变革的第一轮变革，而后追踪收集组织进行的第二轮变革数据，这将有效提高本项目数据收集的可行性。

（3）本研究只探讨了以往和当前变革的相似性、变革利益分享的情境作用。在组织变革中，还有众多情境因素，例如变革发起人的领导风格、组织变革氛围、外部环境竞争压力、国家或民族文化等因素。未来研究可以通过考察更多的情境因素来提升研究的实践意义。

尽管有以上不足，但本研究通过动态、纵向的视角去关注连续变革中的认知循环过程，以及影响认知循环的情境因素，为组织变革提供理论指导。未来研究中可以探索更多变革管理实践对员工上述认知循环的作用。例如探索变革沟通对认知循环的作用。多频次、平等、翔实的变革沟通和变革宣传可以提升员工对变革意义、重要性和有效性的认知（Oreg and Berson，2019），变革沟通还可以通过正式、非正式等多种渠道进行。随着数字化技术进步，已经有大量学者探索员工对数字化变革的感受（刘淑春等，2021；赵曙明和张敏，2022），未来研究可以探索企事业组织利用数字化技术来推进组织流程、架构的变革。例如通过大数据对员工绩效和态度进行统计、分类，对变革投入程度较低的员工有更多督促和反馈。还可以利用员工智能终端设备，为员工推送更多有关变革信息，增加变革信息的易得性、有趣性、有用性，提升员工变革认知和变革投入。

◎ 参考文献

[1] 张蕴萍，董超，栾菁. 数字经济推动经济高质量发展的作用机制研究——基于省级面板数据的证据 [J]. 济南大学学报（社会科学版），2021（5）.

[2] 赵晶，陆佳芳，于鉴夫，等. 管理行为策略对员工变革态度的影响：LMX 的调节作用 [J]. 科技进步与对策，2012，29（4）.

[3] 赵曙明，张敏. "乌卡时代" 的组织应对：组织变革、管理者角色、员工素养 [J]. 清华管理评论，2022（3）.

[4] 朱苏丽，原彤洁，龙立荣. 差异化组织变革情境下如何让员工更有创造力——基于创造力交互理论的组态分析 [J]. 科技进步与对策，2022（网络首发 02-10）.

[5] Adams, J. S. Inequity in social exchange [M] //In L. Berkowitz (Ed.). Advances in experimental social psychology. New York: Academic Press, 1965.

[6] Andersen, S. M., Chen, S. The relational self: An interpersonal social-cognitive theory [J]. Psychological Review, 2002, 109 (4).

[7] Andersen, S. M., Glassman, N. S., Chen, S., & Cole, S. W. Transference in social perception: The role of chronic accessibility in significant-other representations [J]. Journal of Personality and Social Psychology, 1995, 69 (1).

[8] Balogun, J., & Johnson, G. Organizational restructuring and middle manager sense-making [J].

Academy of Management Journal, 2004, 47 (4).

[9] Bandura, A. Self-efficacy mechanism in human agency [J]. American Psychologist, 1982, 37 (2).

[10] Bandura, A. Self-efficacy: The exercise of control [M]. New York, NY, US: WH Freeman and Company, 1997.

[11] Bandura, A. Social foundations of thought and action: A social cognitive theory [M]. Englewood Cliffs, NJ: Prentice-Hall, 1986.

[12] Bandura, A. Social cognitive theory: An agentic perspective [J]. Annual Review Psychology, 2001, 52.

[13] Bandura, A., & Adams, N. E. Analysis of self-efficacy theory of behavioral change [J]. Cognitive Therapy and Research, 1977, 1.

[14] Bargh, J. A. The four horsemen of automaticity: Awareness, intention, efficiency, and control in social cognition [M] // In R. J. Wyer & T. Srull (Eds.). Handbook of social cognition (2nd ed.). Hillsdale, NJ: Erlbaum, 1994.

[15] Belschak, F. D., Jacobs, G., Giessner, S. R., et al. When the going gets tough: Employee reactions to large-scale organizational change and the role of employee machiavellianism [J]. Journal of Organizational Behavior, 2020, 41 (9).

[16] Berk, M. S., & Andersen, S. M. The impact of past relationships on interpersonal behavior: Behavioral confirmation in the social-cognitive process of transference [J]. Journal of Personality and Social Psychology, 2000, 79 (4).

[17] Biggane, J. E., Allen, D. G., Amis, J., et al. Cognitive appraisal as a mechanism linking negative organizational shocks and intentions to leave [J]. Journal of Change Management, 2017, 17 (3).

[18] Bohn, J. G. The relationship of perceived leadership behaviors to organizational efficacy [J]. The Journal of Leadership and Organization Studies, 2002, 9 (2).

[19] Bouckenooghe, D., Devos, G., & Van den Broeck, H. Organizational change questionnaire-climate of change, processes, and readiness: Development of a new instrument [J]. The Journal of Psychology, 2009, 143 (6).

[20] Brazzale, P. L., Coope-Thomas, H. D., Haar, J., et al. Change ubiquity: Employee perceptions of change prevalence from three countries [J]. Personnel Review, 2021, 51 (2).

[21] Busse, R. Folk tales and organizational change: An integrative model for Chinese management [J]. Asia Pacific Business Review, 2019, 26 (1).

[22] Carter, M. Z., Armenakis, A. A., Feild, H. S., et al. Transformational leadership, relationship quality, and employee performance during continuous incremental organizational change [J]. Journal of Organizational Behavior, 2013, 34 (7).

[23] Chen, Man, Yang, Zhi, Dou, & Wenyu, et al. Flying or dying? Organizational change, customer participation, and innovation ambidexterity in emerging economies [J]. Asia Pacific Journal of Management, 2018, 35 (1).

［24］ Chung, G. H. , Du, J. , & Choi, J. N. How do employees adapt to organizational change driven by cross-border M&As? A case in China ［J］. Journal of World Business, 2013, 49（1）.

［25］ Du, J. , & Choi, J. N. Pay for performance in emerging market: Insights from China ［J］. Journal of International Business Studies, 2010, 41（4）.

［26］ Dlouhy, K. , & Casper, A. Downsizing and surviving employees' engagement and strain: The role of job resources and job demands ［J］. Human Resource Management, 2021, 60（3）.

［27］ Furst, S. A. , & Cable, D. M. Employee resistance to organizational change: Managerial influence tactics and leader-member exchange ［J］. Journal of Applied Psychology, 2008, 93（2）.

［28］ Gersick, C. J. Revolutionary change theories: A multilevel exploration of the punctuated equilibrium paradigm ［J］. Academy of Management Review, 1991, 16（1）.

［29］ Herold, D. M. , Fedor, D. B. , & Caldwell, S. Beyond change management: A multilevel investigation of contextual and personal influences on employees' commitment to change ［J］. Journal of Applied Psychology, 2007, 92（4）.

［30］ Herold, D. M. , Fedor, D. B. , Caldwell, S. , & Liu, Y. The effects of transformational and change leadership on employees' commitment to a change: A multilevel study ［J］. Journal of Applied Psychology, 2008, 93（2）.

［31］ Herscovitch, L. , & Meyer, J. Commitment to organizational change: Extension of a three-component model ［J］. Journal of Applied Psychology, 2002, 87（3）.

［32］ He, W. , Li, S. L. , Feng, J. , Zhang, G. , & Sturman, M. C. When does pay for performance motivate employee helping behavior? The contextual influence of performance subjectivity ［J］. Academy of Management Journal, 2020, 64（1）.

［33］ Huy, Q. N. , Corley, K. G. , & Kraatz, M. S. From support to mutiny: Shifting legitimacy judgments and emotional reactions impacting the implementation of radical change ［J］. Academy of Management Journal, 2014, 57（6）.

［34］ Markus, H. , & Zajonc, R. B. The cognitive perspective in social psychology ［M］// In G. Lindzey &E. Aionson（Eds.）. Handbook of social psychology. New York: Random House, 1985.

［35］ Mone, M. A. , Baker, D. D. , & Jeffries, F. Predictive validity and time dependency of self-efficacy, self-esteem, personal goals, and academic performance ［J］. Educational and Psychological Measurement, 1995, 55（5）.

［36］ Oreg, S. , Bartunek, J. M. , Lee, G. , et al. An affect-based model of recipients' responses to organizational change events ［J］. Academy of Management Review, 2018, 43（1）.

［37］ Oreg, S. , & Berson, Y. Leaders' impact on organizational change: Bridging theoretical and methodological chasms ［J］. Academy of Management Annals, 2019, 13（1）.

［38］ Plowman, D. A. , Baker, L. T. , Beck, T. E. , et al. Radical change accidentally: The emergence and amplification of small change ［J］. Academy of Management Journal, 2007, 50（3）.

［39］ Przybylinski, E. , & Andersen, S. M. Systems of meaning and transference: Implicit significant-other activation evokes shared reality [J]. Journal of Personality and Social Psychology, 2015, 109 (4).

[40] Rafferty, A. E., & Restubog, S. L. D. The impact of change process and context on change reactions and turnover during a merger [J]. Journal of Management, 2010, 36 (5).

[41] Rafferty, A. E., & Restubog, S. L. D. Why do employees' perceptions of their organization's change history matter? The role of change appraisals [J]. Human Resource Management, 2017, 55 (3).

[42] Rafferty, A. E., & Minbashian, A. Cognitive beliefs and positive emotions about change: Relationships with employee change readiness and change-supportive behaviors [J]. Human Relations, 2019, 72 (10).

[43] Rapp, T. L., Bachrach, D. G., Rapp, A. A., & Mullins, R. The role of team goal monitoring in the curvilinear relationship between team efficacy and team performance [J]. Journal of Applied Psychology, 2014, 99 (5).

[44] Ritter, B. A., & Lord, R. G. The impact of previous leaders on the evaluation of new leaders: An alternative to prototype matching [J]. Journal of Applied Psychology, 2007, 92 (6).

[45] Rodell, J. B., & Colquitt, J. A. Looking ahead in times of uncertainty: The role of anticipatory justice in an organizational change context [J]. Journal of Applied Psychology, 2009, 94 (4).

[46] Salancik, G. R., Pfeffer, J. A social information processing approach to job attitudes and task design [J]. Administrative Science Quarterly, 1978, 23 (2).

[47] Shin, J., Taylor, M. S., & Seo, M. Resources for change: The relationships of organizational inducements and psychological resilience to employees' attitudes and behaviors toward organizational change [J]. Academy of Management Journal, 2012, 55 (3).

[48] Spreitzer, G. M. Psychological empowerment in the workplace: Dimensions, measurement, and validation [J]. The Academy of Management Journal, 1995, 38 (5).

[49] Sung, W., Woehler, M. L., Fagan, J. M., et al. Employees' responses to an organizational merger: Intraindividual change in organizational identification, attachment, and turnover [J]. Journal of Applied Psychology, 2017, 102 (6).

[50] Turk, D. C., & Salovey, P. Cognitive structures, cognitive processes, and cognitive-behavior modification: I. client issues [J]. Cognitive Therapy and Research, 1985, 9 (1).

[51] Van den Bos, K., Vermunt, R. & Wilke, H. A. M. Procedural and distributive justice: What is fair depends more on what comes first than on what comes next [J]. Journal of Personality and Social Psychology, 1997, 72 (1).

[52] Verosky, S. C., & Todorov, A. When physical similarity matters: Mechanisms underlying affective learning generalization to the evaluation of novel faces [J]. Journal of Experimental Social Psychology, 2013, 49 (4).

[53] Wood, R., & Bandura, A. Social cognitive theory of organizational management [J]. The Academy of Management Review, 1989, 14 (3).

[54] Zhang, S. X., Hu, J., Chiao, Y. C. Prototypical leaders reinforce efficacy beliefs: How and when

leader-leader exchange relates to team effectiveness ［J］. Journal of Organizational Behavior, 2022 （Online. DOI10. 1002/job. 2614）.

Transference in Cognition and Reciprocal Causation of Cognition-output during Continuous Organizational Changes

Luo Yuanjing[1] Du Jing[2]

（1 College of Economics and Management, Huazhong Agricultural University, Wuhan, 430070;

2 Research Center for Human Resource Management, Wuhan University, Wuhan, 430072）

Abstract：During the period of transition, Chinese enterprises have been experiencing frequent and continuous organizational changes, including radical changes （e. g. M&A） and gradual changes （e. g. advance in technology）. Comparing to the single-round organizational change, in continuous organizational changes the past changes could have significant influence on the present change. However, we have little knowledge about the influence of the past on the present, because of existing research mainly focus on single-round organizational change. To explore the influence of the past organizational changes on the present change, this research will conduct the following studies：（1） investigating the transference in cognition during continuous organizational changes, that is, the cognition of past organizational change can transfer into and influence the present change;（2） examining the reciprocal causation of cognition-output in organizational changes, that is, the cognition of the present change would increase employees' engagement into the present change and further lead to positive outputs, which improve the cognition of the present change;（3） testing the moderation effects of the comparability of past with present changes, and organizational change benefit sharing on the cognition loop. This study provides significant theoretical and practical contributions.

Key words：Continuous organizational changes; Transference in cognition; Reciprocal causation of cognition-output; Organizational change comparability; Organizational change benefit sharing

责任编辑：路小静

珞珈 管理 评论

2022 年卷第 4 辑（总第 43 辑）

Luojia Management Review

No. 4，2022（Sum. 43）

高参与工作系统对团队工作重塑的影响：
基于心理所有权视角[*]

● 李　源[1]　刘钰婧[2]　李锡元[3]

（1　郑州大学商学院　郑州　450001；2，3　武汉大学经济与管理学院　武汉　430072）

【摘　要】随着团队工作模式的大量应用和普及，团队逐渐成为企业的基本运作单元。如何促使团队以工作重塑的方式提升整体工作效率，得到了研究者和管理者的广泛关注。本研究从心理所有权视角出发，探讨高参与工作系统对团队工作重塑的影响机制和边界条件，以 52 家企业的 164 个工作团队为研究样本，对模型和假设进行检验。结果显示：高参与工作系统对促进型团队工作重塑具有正向影响，对防御型团队工作重塑具有负向影响。集体心理所有权中介了高参与工作系统对促进型团队工作重塑和防御型团队工作重塑的影响。团队工作资源在集体心理所有权与团队工作重塑之间起正向调节作用，且进一步正向调节了高参与工作系统通过集体心理所有权影响团队工作重塑的间接效应。

【关键词】高参与工作系统　团队工作重塑　集体心理所有权　团队工作资源

中图分类号：C93　　　　　文献标识码：A

1. 引言

面对当今不稳定、不确定、复杂化和模糊化的市场环境，越来越多的企业采用团队工作模式以强化企业对竞争环境的适应能力，例如海尔集团的自主经营体、华为公司的铁三角团队。如何提升团队工作的有效性，已成为研究者和管理者共同关注的重要话题。一些学者发现，团队工作重塑作为一种团队成员共同发起实施的主动性改变行为，可以有效提升团队面对复杂情况的适应能力与协

---

* 基金项目：国家社会科学基金一般项目"职业经理人市场治理与国企职业经理人市场融入协同研究"（项目批准号：14BGL082）；国家自然科学基金面上项目"玩时不忘初心：团队中玩兴的多重影响效应及其应对策略研究"（项目批准号：71872134）；国家自然科学基金面上项目"因'我们'而创新——组织认同对员工创新行为的促进和抑制过程研究"（项目批准号：71872135）。

通讯作者：李锡元，E-mail：lixiyuan@ whu. edu. cn。

调能力，有助于激活团队内部的智慧共享、技能互补以及自我指挥与管理，进而提高团队工作效率（Tims et al. , 2013；王颖等，2019）。鉴于团队工作重塑对组织具有关键价值，学者们对团队工作重塑的影响因素进行了积极探索。文献梳理发现，以往研究多从团队成员特征、工作特征以及领导力等视角研究团队工作重塑的形成机制，关注组织层面制度因素（如人力资源管理系统）影响团队工作重塑的研究则相对缺乏（Mäkikangas et al. , 2017；王桢，2020）。人力资源管理系统是影响员工态度与行为的重要情境变量，学者们发现组织实施的人力资源管理系统能够有效促进员工个体工作重塑（Hu et al. , 2021）。但是团队工作重塑并非团队成员个体工作重塑的简单加总，二者在形成机制方面具有显著的差异性（陈建安等，2020），人力资源管理系统和团队工作重塑之间的关系仍有待进行深入探讨。

作为一种组织实施的人力资源管理实践体系，高参与工作系统包含一系列具体的人力资源实践，能够通过能力提升、认可、薪酬激励、信息共享和授权等具体措施提升员工的参与程度，进而对组织与个体发展产生积极的影响（Paré & Tremblay，2007；Li et al. , 2018）。已有研究表明，高参与工作系统以提升员工参与程度为目标，能够有效地鼓励和引导员工参与交流、协作，提高员工的协同意识和协作技能（程德俊和赵曙明，2006；Tremblay，2019；Song et al. , 2020）。而团队工作重塑是一个实现共同团队目标的集体过程，由团队成员共同决定团队工作特征和工作角色的改变（Leana et al. , 2009）。团队工作重塑的实施离不开团队成员的协同参与，需要组织为其提供支持性外部环境（Tims et al. , 2013；Mäkikangas et al. , 2017；Chen et al. , 2020）。因此，结合高参与工作系统和团队工作重塑两方面文献来看，高参与工作系统旨在运用管理措施引导团队成员积极参与团队集体活动，这一特征能够为团队成员的集体协作提供制度支持，对于团队工作重塑行为的激发至关重要。但是，目前鲜有研究关注高参与工作系统对团队工作重塑的潜在影响。高参与工作系统能否促进积极的团队工作重塑行为，以及通过何种途径影响团队工作重塑行为，现有文献尚未对此进行挖掘检验。

与此同时，集体心理所有权可能在外在环境与团队行为之间发挥桥梁作用（李燕萍和梁燕，2018）。由于高参与工作系统是由组织设计并经企业管理者实施的一项制度环境，它能够在组织内部互动过程中帮助团队成员产生共享的心智模式，进而影响集体心理所有权的形成与发展。此外，集体心理所有权能够激发团队成员的主人翁意识，通过提高成员的团队承诺和责任感，促使团队成员为了维护其团队身份、团队声誉而改进团队的工作，进而积极参与团队工作重塑行为。由此分析，从心理所有权视角出发，将有助于我们进一步揭示高参与工作系统对团队工作重塑的作用机制。

集体心理所有权是团队成员将团队工作视为集体共有的心理状态，其对团队产出的积极作用主要是通过激发成员对"目标物"的责任感这一心理过程实现的，而要将其转化为行动还需要考虑外部工作资源的支持状况（李燕萍和梁燕，2018；Pierce et al. , 2018）。以往研究显示，外部的资源支持有助于调动团队成员对跨界异质性资源的整合和运用，为其改变、拓展工作边界的重塑行为创造有利条件（崔明明等，2018；胡恩华和张文林，2022）。根据工作需求资源模型，当团队成员拥有充足的工作资源时，团队成员会以更加积极的心理状态投入工作任务，愿意为完成设定的工作目标和改进工作内容付出更多的时间与精力（Bakker & Demerouti，2007）。而在工作资源匮乏的情况下，由于缺乏必要的工作资源，团队成员会更加倾向于采取回避型与退缩型的应对策略和行为（Berry et al. ,

2012；陈晨等，2020）。因此，高参与工作系统通过集体心理所有权对团队工作重塑的作用效果在一定程度上会受到团队外部资源支持的影响，有必要从团队工作资源状况的角度考虑其调节作用。

2. 理论基础与研究假设

2.1　高参与工作系统与团队工作重塑

团队工作重塑是为了实现共同的团队目标，团队成员共同发起实施的主动性工作改变行为（Mäkikangas et al.，2017）。团队工作重塑不同于其他类型的主动行为，它的目标是改变团队的工作特征和工作角色。由于工作重塑既有可能拓展工作的边界范围，亦有可能缩小工作的边界范围，有学者提出工作重塑应当被区分为促进型工作重塑和防御型工作重塑（Lichtenthaler & Fischbach，2019；田喜洲等，2020）。其中，促进型工作重塑旨在拓展工作资源与边界，而防御型工作重塑旨在规避工作中的困难和挑战。Appelbaum 等（2000）提出的能力—动机—机会（AMO）理论框架将人力资源管理实践划分为技能提升、动机提升和授权提升三种捆绑类型，用以阐释人力资源管理系统对工作结果的作用机制（Boon et al.，2019）。本研究以 AMO 理论框架为指导，分别从能力、动机和机会三个方面探讨高参与工作系统对团队工作重塑的影响。

首先，高参与工作系统包括基于技能和适应性的选拔、工作轮换、业务指导以及技能培训等能力提升实践（Yang，2012）。研究表明，实施能力提升实践能够提高团队成员的专业知识与技能，改善团队成员对多样化工作角色的适应性，增强团队成员应对多种工作任务的掌控力（Song et al.，2020；熊立，2021）。在能力提升实践的作用下，团队成员解决复杂问题的效能感得到了提高，并且感知到团队有能力应对工作情境变化与挑战，促使团队成员积极进取并克服障碍，为促进团队目标实现拓展工作资源与需求边界。其次，高参与工作系统包含以鼓励参与合作为导向的赞赏认可、奖励薪酬和绩效反馈等动机提升实践（Paré & Tremblay，2007；Tremblay，2019）。通过给予积极参与团队协作的员工正面反馈，团队成员能够感知到组织对团队合作的鼓励与支持（Song et al.，2020）。金钱和成就的双重奖励能持续刺激团队成员设定更高的团队任务目标，激发团队成员承担具有挑战性的复杂团队任务，为团队成员参与工作内容与流程改进提供动力（熊立，2021）。最后，高参与工作系统包括决策参与、员工授权和信息共享等授权提升实践（Paré & Tremblay，2007；Tremblay，2019）。决策参与和员工授权实践给予团队成员对工作任务和完成方式的自主决策权，使团队成员在日常工作中能够自主地安排工作内容与工作方式，让他们在任务执行中获得自由发挥的空间（Paré & Tremblay，2007；Maden，2015）。信息共享实践加速了团队内部和外部知识信息的互动交流，让团队成员以更为广阔的视野探索与开发工作边界，促进了团队内部新工作内容和新工作方式的出现（Paré & Tremblay，2007；熊立，2021）。总之，高参与工作系统能够通过增强团队成员的能力、动机和机会为促进型团队工作重塑赋能，同时抑制防御型团队工作重塑的产生。基于上述分析，提出如下假设：

H1a：高参与工作系统正向影响促进型团队工作重塑。

H1b：高参与工作系统负向影响防御型团队工作重塑。

2.2 集体心理所有权的中介作用

基于个体心理所有权和群体认知的相关研究，Pierce 和 Jussila（2010）提出了集体心理所有权这一概念，认为集体心理所有权是指集体成员共同将目标物（或该目标物的一部分）视为"我们的"一种心理状态。集体心理所有权是一种通过社会互动产生的共享思维模式，经过收集、储存、传递、利用信息等互动过程，集体成员对目标物形成了共享的感知、认识与信念（卫利华等，2019）。根据心理所有权理论，心理所有权的形成需要个体对目标物产生"我"的感知（Pierce et al.，2001）。在此基础上，Pierce 和 Jussila（2010）指出集体心理所有权的实现取决于集体成员对潜在所有权目标的共同行动与集体认知，其实现途径包括对目标物共同控制、对目标物共同密切了解和对目标物共同投入。本研究认为，高参与工作系统能够通过提升团队成员对团队工作的集体性控制、亲密了解与投入影响集体心理所有权。

首先，授权实践使团队成员在日常工作中获得了自主安排与规划工作任务以及自主决策的工作权限。在充分的授权管理模式下，组织允许员工承担多种角色和职责，在工作中享有更大程度的自主权，使员工在工作中能够发挥更大的影响力（Paré & Tremblay，2007；刘薇和向姝婷，2018）。获得授权的团队成员能够自主决定工作方式和任务安排，对团队工作具有较强的掌控能力，进而促进了团队成员对团队工作的集体性控制。其次，信息共享实践向团队成员传递了工作质量、客户反馈和业务成果等与团队工作相关的各种信息。组织实施的信息共享实践促进了团队内部信息的交流与传播，有助于团队成员获取自己工作内容之外的信息，从而增强了团队成员对团队工作的共同认知与理解（Flinchbaugh et al.，2016；Li et al.，2018）。最后，赞赏认可和薪酬激励实践是组织情境中积极的工作反馈，向参与团队协作的员工表达了鼓励和支持（Yang，2012）。企业对团队协作的正面反馈向员工传递出一种积极的信号，为了获得企业的认可与奖励，员工会加大对团队协同的投入，将"自我"投入团队的集体活动。由此，高参与人力资源管理实践通过提升团队成员对团队工作的集体性控制、密切了解和投入，促进了集体心理所有权的形成与发展。

集体心理所有权的产生意味着团队成员之间形成了共享的心理认知状态。在集体心理所有权的驱动下，团队成员对工作团队产生强烈的认同感和归属感，认为自己有责任和义务通过改进工作表现推动团队整体价值的实现，维持并提升团队声誉（卫利华等，2019）。此外，集体心理所有权带来的共享体验可以有效地提升团队成员的心理安全感，在团队内部互动中减少了团队成员之间的心理隔阂，让团队成员能够自由表达自己的想法和观点，加速了团队内部知识信息的交流与分享，促使团队成员在实现任务目标的过程中通过吸收新知识寻求改进工作的方法（张征和闫春，2020）。最后，在集体心理所有权的影响下，团队成员会为了实现共同的工作目标团结在一起，从而提升了团队效能感（Pierce & Jussila，2010；Giordano et al.，2020）。由于团队工作重塑涉及工作内容和关系边界的改变，可能存在着一定风险与阻碍。集体心理所有权所带来的团队效能感能够增强团队成员克服困难的韧性与毅力（Pierce & Jussila，2010），激励团队成员承担具有挑战性的复杂任务，勇于突破团队工作任务和关系边界。因此，集体心理所有权的形成意味着团队成员对团队工作形成了共享的承诺（Pierce et al.，2018），促使团队成员积极投入时间和精力去提升和改善团队工作，为团队成员拓展团队工作边界创造了机会和条件，从而表现出较多的促进型团队工作重塑，同时表现出较少的防御型团队工作重塑。因此，本研究提出如下假设：

H2a：集体心理所有权在高参与工作系统和促进型团队工作重塑之间起中介作用。

H2b：集体心理所有权在高参与工作系统和防御型团队工作重塑之间起中介作用。

2.3　团队工作资源的调节作用

团队的工作资源影响着团队合作的执行方式以及团队成员之间的互动方式，对于团队工作开展至关重要。工作资源是指工作中在生理、心理、社会或组织等方面能够帮助工作目标的实现，降低工作需求及其产生的心理和生理成本，促进个人成长、学习和发展的因素，例如时间资源、工作自主权、社会支持、绩效反馈、薪酬等（Demerouti et al.，2001）。工作资源具有动机特性，既能够通过薪酬等外在驱动因素激励员工努力工作，又可以通过自主性支持等间接的内在驱动形式提升员工的工作投入水平（周帆和刘大伟，2013）。充足的团队资源是开展促进型团队工作重塑的重要保障，因为它们可以激发团队内部互动和专业知识增长，有助于增加结构性和社会性工作资源，促使团队积极承担挑战性工作需求（Mäkikangas et al.，2017）。

根据工作需求资源模型，当团队成员拥有充足的工作资源时，团队成员在工作中能够保持较高水平的工作动机，会以更加积极的心理状态投入工作任务，愿意为完成设定的工作目标和改进工作内容付出更多的时间与精力（Bakker & Demerouti，2007）。较高水平的工作资源支持使团队成员在工作过程中拥有更多的机会和能量拓展资源与关系边界，以协作的方式改进工作内容和方式，因此他们更加倾向于参与旨在获取资源的促进型团队工作重塑。而缺少资源的团队成员会采取防卫姿态去保护他们的资源。在团队工作资源有限的情况下，团队成员在应对日常工作时面临着巨大的时间和任务压力，即使团队成员想要通过实施促进型工作重塑改进工作内容与方式，为了缓解工作负荷带来的巨大压力，他们仍然会实施旨在防止资源损失的防御型团队工作重塑。因此，本研究认为团队工作资源能够调节集体心理所有权对团队工作重塑的影响。基于上述分析，本研究提出如下假设：

H3a：团队工作资源强化了集体心理所有权对促进型团队工作重塑的正向影响。

H3b：团队工作资源强化了集体心理所有权对防御型团队工作重塑的负向影响。

综合前述假设推导，团队工作资源还将调节高参与工作系统通过集体心理所有权作用于促进型团队工作重塑、防御型团队工作重塑的中介路径。在团队工作资源充足的情况下，团队成员拥有充足的机会和空间实施旨在增加工作资源的促进型工作重塑，不太可能会参与旨在防止资源损失的防御型工作重塑，这有助于强化集体心理所有权在高参与工作系统和团队工作重塑之间的中介效应。基于上述分析，本研究提出如下假设：

H4：团队工作资源调节了高参与工作系统通过集体心理所有权对促进型团队工作重塑（H4a）、防御型团队工作重塑（H4b）的中介效应。

具体的研究理论模型如图1所示。

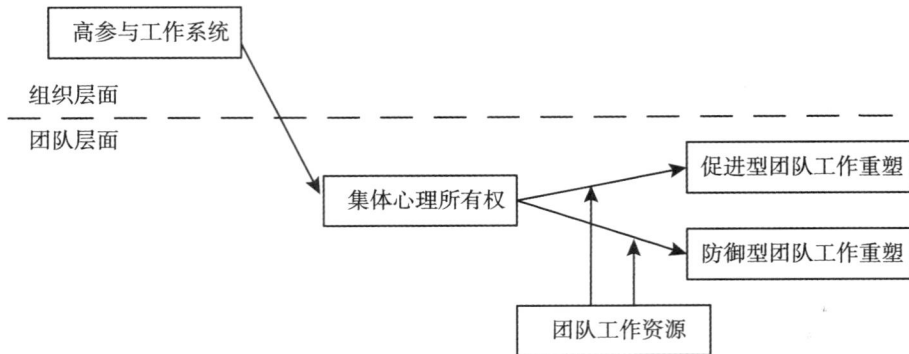

图 1　研究理论模型

3. 研究设计

3.1　研究样本与程序

本研究在河南、湖北、北京等地的 55 家企业展开调研，涵盖通信服务、环境保护、高新技术、金融等多个行业。在调研之前，由研究人员分别联系各企业的人力资源部经理，确认该企业实施了较为完善的人力资源管理系统。参与调研的工作团队均为面向产品或客户的一线团队，在工作中拥有一定的自主决策权，具有实施团队工作重塑的机会和空间。第一次调查由公司人力资源部经理评价所在公司的高参与工作系统，团队成员评价集体心理所有权和团队工作资源。此次共回收 55 份经理问卷和 760 份员工问卷。3 个月后，由人力资源部经理评价组织规模、各工作团队领导的人口统计学特征和团队规模，团队成员填写促进型团队工作重塑和防御型团队工作重塑。此次共回收 52 份经理问卷和 741 份员工问卷。经过筛选配对，有 8 份员工问卷因所属的工作团队总问卷数量不足 3 份，没有达到聚合标准被删除。最终，本研究的有效样本为 52 家企业中 164 个工作团队的 733 名员工，员工问卷有效率为 91.6%。

本研究调研的 52 家企业中，组织规模 100 人以下的 4 家（7.7%），101～500 人的 18 家（34.6%），501～1000 人的 14 家（26.9%），1001～2000 人的 11 家（21.2%），2000 人以上的 5 家（9.6%）。调研的 164 个工作团队中，团队规模在 3～16 人，平均团队规模为 4.47 人（标准差为 2.43）；团队领导中，男性 93 名（56.7%），女性 71 名（43.3%）；平均年龄 32.62 岁（标准差为 4.52）；教育程度方面，大专 13 人（7.9%），本科 128 人（78%），硕士研究生 23 人（14%）；在企业的平均工作年限 8.12 年（标准差为 5.08）。

3.2　研究测量工具

除控制变量外，主要变量均采用 5 点量表评分，1 表示非常不同意，5 表示非常同意。

高参与工作系统：采用 Paré 和 Tremblay（2007）编制的 29 题项量表。例题如 "我所在的公司认真考虑员工的建议"。Cronbach's α = 0.96。

集体心理所有权：采用 Pierce 等（2018）开发的 4 题项量表。例题如 "我们团队中的成员对这份工作有很高的集体归属感"。Cronbach's α = 0.93。聚合前一致性检验显示，rwg 均值为 0.94，rwg 中位数为 0.95，ICC（1）为 0.43，ICC（2）为 0.77，均符合聚合条件。

团队工作资源：采用 Mäkikangas 等（2017）编制的 5 题项量表。例题如 "我们团队的工作时间很充裕"。Cronbach's α = 0.87。聚合前一致性检验显示，rwg 均值为 0.76，rwg 中位数为 0.92，ICC（1）为 0.19，ICC（2）为 0.50，均符合聚合条件。

团队工作重塑：采用 Tims 等（2013）编制的 8 题项量表，包含促进型团队工作重塑和防御型团队工作重塑两个维度。例题如 "我们团队确保充分利用每个团队成员的能力"。该量表的 Cronbach's α 系数为 0.82，两个分量表的 Cronbach's α 系数分别为 0.91、0.86。聚合前一致性检验显示，促进型团队工作重塑的 rwg 均值为 0.97，rwg 中位数为 0.97，ICC（1）为 0.22，ICC（2）为 0.56；防御型团队工作重塑的 rwg 均值为 0.85，rwg 中位数为 0.91，ICC（1）为 0.54，ICC（2）为 0.84，各项指标同样满足聚合的判断标准。

控制变量包括组织规模、团队规模和团队领导的性别、年龄、受教育程度、工作年限等人口统计学特征。

4. 数据分析和结果

4.1 验证性因子分析

如表 1 所示，四因子模型相较于其他模型拟合效果最为理想，表明本研究变量之间具备良好的区分效度。不可测量潜在方法因子法的分析结果显示，五因子模型中拟合指数并未得到显著改善，因此本研究不存在严重的同源方法偏差（Podsakoff et al.，2003）。

表 1 验证性因子分析结果

模　　型	χ^2/df	TLI	CFI	RMSEA
五因子模型（CPO，TWR，PMC，PVC，CMV）	2.49	0.98	0.99	0.05
四因子模型（CPO，TWR，PMC，PVC）	2.66	0.97	0.98	0.05
三因子模型（CPO + TWR，PMC，PVC）	8.52	0.89	0.91	0.10
两因子模型（CPO + TWR，PMC + PVC）	13.38	0.82	0.85	0.13
单因子模型（CPO + TWR + PMC + PVC）	19.33	0.74	0.77	0.16

注：CPO 表示集体心理所有权；TWR 表示团队工作资源；PMC 表示促进型团队工作重塑；PVC 表示防御型团队工作重塑；CMV 表示方法因子潜变量。

4.2 描述性统计与相关分析

所有变量的均值、标准差和相关系数如表 2 所示，其中组织层面的高参与工作系统与促进型团队工作重塑显著正相关（$r = 0.32$, $p < 0.01$），与防御型团队工作重塑显著负相关（$r = -0.28$, $p < 0.01$），与集体心理所有权显著正相关（$r = 0.35$, $p < 0.01$）；团队层面的集体心理所有权与促进型团队工作重塑显著正相关（$r = 0.73$, $p < 0.01$），与防御型团队工作重塑显著负相关（$r = -0.31$, $p < 0.01$）。

表 2 各变量的均值、标准差和相关系数

变量	1	2	3	4	5	6	7	8	9	10	11
均值	2.90	3.73	4.47	1.43	32.62	3.06	8.12	3.82	3.58	3.94	3.29
标准差	1.13	0.52	2.43	0.50	4.52	0.47	5.08	0.50	0.44	0.39	0.74
组织层面											
1 组织规模	—										
2 高参与工作系统	−0.08	—									
团队层面											
3 团队规模	0.17*	−0.06	—								
4 团队领导性别	−0.06	−0.04	−0.03	—							
5 团队领导年龄	−0.01	−0.10	0.19*	−0.11	—						
6 团队领导教育程度	0.05	−0.06	0.15*	0.02	−0.04	—					
7 团队领导工作年限	0.02	−0.08	0.16*	−0.04	0.74**	−0.06	—				
8 集体心理所有权	−0.03	0.35**	−0.13	−0.01	−0.16*	−0.02	−0.13	—			
9 团队工作资源	−0.05	0.24**	−0.14	0.01	−0.19*	0.03	−0.13	0.62**	—		
10 促进型团队工作重塑	0.02	0.32**	−0.14	0.03	−0.26**	0.07	−0.14	0.73**	0.64**	—	
11 防御型团队工作重塑	−0.25**	−0.28**	−0.02	0.04	0.15	−0.15	0.14	−0.31**	−0.25**	−0.31**	—

注：* 表示 $p < 0.05$ 水平上显著，** 表示 $p < 0.01$ 水平上显著；$N_{组织} = 52$，$N_{团队} = 164$。

4.3 假设检验

跨层路径分析结果如表 3 所示。高参与工作系统与促进型团队工作重塑具有显著的正向关系（$\beta = 0.22$, $p < 0.01$），假设 H1a 得到验证；高参与工作系统与防御型团队工作重塑具有显著的负向关系（$\beta = -0.43$, $p < 0.01$），假设 H1b 得到验证。

高参与工作系统与集体心理所有权具有显著的正向关系（$\beta = 0.32$, $p < 0.001$），集体心理所有权

与促进型团队工作重塑具有显著的正向关系（$\beta=0.54$，$p<0.001$），与防御型团队工作重塑具有显著的负向关系（$\beta=-0.45$，$p<0.001$）。基于20000次重复抽样的蒙特卡罗模拟结果显示，集体心理所有权在高参与工作系统与促进型团队工作重塑之间的间接效应为0.24，95%置信区间为［0.11，0.38］，不包括0，假设H2a得到验证；集体心理所有权在高参与工作系统与防御型团队工作重塑之间的间接效应为−0.42，95%置信区间为［−0.64，−0.19］，同样不包括0，假设H2b得到验证。

表3 跨层路径分析结果

	集体心理所有权	促进型团队工作重塑			防御型团队工作重塑		
截距项	4.33***	4.57***	2.26***	4.16***	4.02***	5.24***	3.98***
组织层面							
组织规模	−0.002	0.01			−0.18***		
高参与工作系统	0.32***	0.22**			−0.43**		
团队层面							
团队规模	−0.03	−0.02	−0.01	−0.01	0.01	−0.02	−0.00
团队领导性别	−0.01	−0.02	0.00	0.01	0.04	0.07	0.05
团队领导年龄	−0.01	−0.03***	−0.02**	−0.02*	0.01	0.01	−0.00
团队领导教育程度	0.02	0.09	0.08	0.07	−0.22*	−0.23	−0.23
团队领导工作年限	0.00	0.01	0.01	0.01	0.01	0.01	0.01
集体心理所有权			0.54***	0.47***		−0.45***	−0.62***
团队工作资源				0.22***			0.03
集体心理所有权 × 团队工作资源				0.20*			−0.73**
R^2	0.52	0.48	0.56	0.63	0.68	0.14	0.19
ΔR^2	—	—	—	0.07	—	—	0.05

注：* 表示 $p<0.05$ 水平上显著，** 表示 $p<0.01$ 水平上显著，*** 表示 $p<0.001$ 水平上显著。

由表3可知，团队工作资源和集体心理所有权的交互项对促进型团队工作重塑有显著的正向影响（$\beta=0.20$，$p<0.05$），简单斜率检验显示，团队工作资源水平较高时，集体心理所有权对促进型团队工作重塑的正向影响更强（$\beta=0.56$，$p<0.001$）；而团队工作资源水平较低时，这种正向影响更弱（$\beta=0.38$，$p<0.001$），假设H3a得到验证。调节效应如图2所示。此外，在高团队工作资源下，高参与工作系统通过集体心理所有权对促进型团队工作重塑产生的间接效应为0.18（95%置信区间为［0.06，0.30］）；低团队工作资源下，间接效应为0.12（95%置信区间为［0.02，0.21］）；两种间接效应的差异显著（95%置信区间为［0.01，0.11］），因此团队工作资源调节了集体心理所有权在高参与工作系统与促进型团队工作重塑之间的中介效应，假设H4a得到验证。

由表3可知，团队工作资源和集体心理所有权的交互项对防御型团队工作重塑有显著的负向影响（$\beta = -0.73$，$p < 0.01$），简单斜率检验显示，团队工作资源水平较高时，集体心理所有权对防御型团队工作重塑的负向影响增强（$\beta = -0.94$，$p < 0.001$）；而团队工作资源水平较低时，这种负向影响变弱（$\beta = -0.30$，$p < 0.05$），假设 H3b 得到验证。调节效应如图 2 所示。此外，在团队工作资源的不同水平下，集体心理所有权在高参与工作系统与防御型团队工作重塑之间的间接效应差异显著（95% 置信区间为 [-0.42，-0.05]），中介效应在高团队工作资源下显著（间接效应为-0.27，95% 置信区间为 [-0.49，-0.04]），在低团队工作资源下不显著（间接效应为-0.04，95% 置信区间为 [-0.13，0.06]），假设 H4b 得到验证。

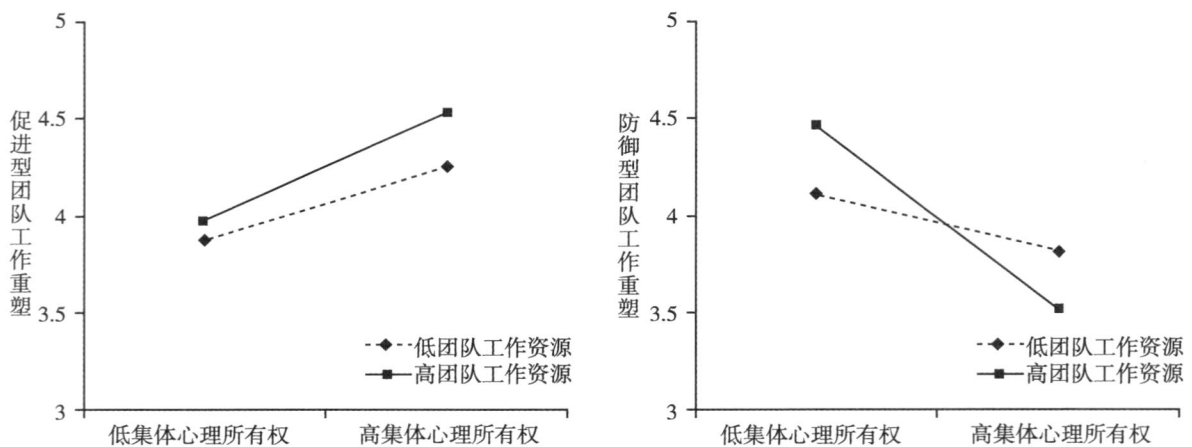

图 2　团队工作资源对集体心理所有权与团队工作重塑关系的调节效应图

5. 讨论

本文基于心理所有权视角探讨了高参与工作系统对团队工作重塑的作用机制以及边界条件。通过对 52 家企业中 164 个工作团队的问卷调查数据进行分析，研究结果显示：（1）高参与工作系统对促进型团队工作重塑有显著的正向影响，对防御型团队工作重塑有显著的负向影响；（2）集体心理所有权中介了高参与工作系统对促进型团队工作重塑和防御型团队工作重塑的影响；（3）团队工作资源在集体心理所有权与团队工作重塑之间起调节作用。进一步，团队工作资源调节了高参与工作系统通过集体心理所有权对促进型团队工作重塑和防御型团队工作重塑产生的间接影响。本文主要的理论贡献如下：

第一，本文丰富了高参与工作系统与团队工作重塑的研究，在战略人力资源管理和团队工作重塑研究之间搭建了桥梁。随着团队在现代组织中的作用日益凸显，越来越多的战略人力资源管理研究开始关注人力资源管理实践与团队工作成果的关系。目前已有研究发现高参与工作系统能够对团队知识分享（Flinchbaugh et al.，2016）、团队创造力（Song et al.，2020）、团队层面的组织公民行为（Tremblay，2019）产生积极影响。本文结合 AMO 框架和心理所有权理论对高参与工作系统与团队工作重塑的关系进行了理论建构与实证检验，发现高参与工作系统作为一项综合性的管理实践措施，能够增强团队成员参与团队协作的能力、动机和机会，激发团队成员实施有助于增加团队工作资源、提高团队任务目标的促进型团队工作重塑，抑制团队成员开展为了规避工作压力而降低任务标准的防御型团队工作重塑，并且可以通过集体心理所有权对不同导向团队工作重塑产生间接影响。这一发现支持了以往高参与工作系统能够促使团队成员参与符合团队集体利益行为的观点，不仅加深了我们对于团队工作重塑产生机制的理解，而且也拓展了高参与工作系统对团队工作有效性的研究，回应了学者对深入探索高参与工作系统多层次作用效应的呼吁（Jiang et al.，2013）。

第二，本研究基于心理所有权理论，探索了高参与工作系统对团队工作重塑的理论解释机制。以往研究已从社会认知理论（Flinchbaugh et al.，2016）、社会网络理论（苗仁涛等，2021）、群体规范理论（Tremblay，2019）等视角探讨了人力资源管理实践对团队工作结果的作用机制，揭示了团队成员共同的认知观念在这一过程中发挥的重要作用。本研究发现，高参与工作系统有助于增强团队成员对团队工作的集体性控制、密切了解和投入，促进了团队内部集体心理所有权的形成，进而对不同导向的团队工作重塑产生影响。这一结果验证了集体心理所有权可以被视为一种共享的心理认知状态，在高参与工作系统和团队工作重塑之间起到桥梁作用，由此为我们理解宏观战略人力资源管理与微观工作设计领域之间的关系提供了启示（Becker & Huselid，2010）。此外，本研究结果与已有研究认为集体心理所有权能够有效促进团队积极工作产出的观点一致（卫立华等，2019；Pierce et al.，2020），同时也表明集体心理所有权能够有效抑制消极被动的工作行为，由此丰富了集体心理所有权相关的理论研究。

第三，本研究发现高参与工作系统和集体心理有权对团队工作重塑的影响程度与团队的工作资源状态密切相关。以往研究表明，团队协作的支持性组织环境能够影响团队合作的执行方式以及团队成员之间的互动方式（Salas et al.，2015；Mäkikangas et al.，2017）。本研究发现，团队工作资源能够调节高参与工作系统通过集体心理所有权对促进型团队工作重塑和防御型团队工作重塑产生的间接影响。该发现验证了Mäkikangas等（2017）提出的时间和人力资源是支持团队进行工作重塑的重要条件这一观点，同时也说明不同来源的工作资源之间存在联结效应，即充足的团队外部资源支持（组织提供的时间和人力资源）能够放大团队内部心理资源（集体心理所有权）的积极影响。此外，本研究从团队工作资源的角度明确了高参与工作系统产生积极效果的外在条件，为高参与工作系统作用发挥可能存在情境约束提供了进一步证据，拓展了战略人力资源管理与团队行为结果关系的边界研究。

本研究对管理实践具有启示意义。企业管理者应当建立并完善高参与工作系统，引入能力发展、员工授权、薪酬激励、赞赏认可以及信息共享等一系列人力资源管理措施。管理者应当充分发挥各项人力资源管理实践的协同效应，根据员工的工作岗位和需求制订个性化培训计划，赋予员工自主决定工作安排的权力，以绩效奖励、弹性福利等管理措施对员工进行引导和激励，对表现出色的员工及时给予表扬和赞美，及时分享组织内部各项信息，充分发挥高参与工作系统对积极工作行为的赋能效应。此外，管理人员应当关注团队的工作资源状况，在工作时间安排上给予工作团队更大的自由决定权，合理配置企业内部的人力资源，确保每个工作团队拥有足够的专业知识技术人才。尤其是在组织内部资源有限的情况下，管理者应当反复斟酌，根据任务情境的实时变化灵活调整各个团队的工作资源分配，为积极主动的团队工作活动提供充足的资源保障。

本研究也存在如下研究局限：

（1）为了避免同源方差的干扰，本研究在不同的时间点收集了数据，但是研究结果无法判断变量之间的因果关系。未来研究可以采用动态数据检验模型或者实验法对研究结果做进一步检验。

（2）本研究中团队工作重塑的量表由团队成员填写，经过聚合形成团队层面的数据，因此团队成员的主观想法可能会影响这一部分数据的客观性。未来研究可以采用领导评价或者他人评价方式收集更为客观的数据，以提高研究结果的可靠性。

（3）本研究仅考察了高参与工作系统通过激发基于工作的集体心理所有权进而影响团队工作重塑这一路径。根据目标物的不同，心理所有权可以分为基于工作的心理所有权和基于组织的心理所有权（Peng & Pierce, 2015）。相较于基于工作的心理所有权，基于组织的心理所有权体现了员工对组织所持有的态度。具有更高组织心理所有权的员工关心组织利益，更加愿意通过自身努力提升组织效能，促进组织目标的有效实现（Dawkins et al. , 2017）。我们推测当团队目标与组织目标一致时，组织心理所有权会对促进型团队工作重塑产生积极效果。因此，我们鼓励未来研究检验不同目标的心理所有权对团队工作重塑的影响，为理解心理所有权与团队工作重塑的关系提供更多线索。

（4）在调节变量方面，本研究仅探讨了团队工作资源的调节作用，而高参与工作系统的实施效果还可能受到竞争战略、环境动态性以及组织结构等多种因素的影响（Guthrie et al. , 2002；程德俊和赵曙明，2006；Tremblay, 2019）。未来研究可以引入其他类型的调节因素，进一步挖掘高参与工作系统激发团队工作重塑的边界条件。

◎ 参考文献

[1] 陈晨，秦昕，谭玲，等 . 授权型领导——下属自我领导匹配对下属情绪衰竭和工作绩效的影响[J] . 管理世界，2020，36（12）.

[2] 陈建安，阮氏梅璎，陈武 . 规范激活与社会学习：团队工作重塑驱动个体工作重塑的双路径[J] . 中国人力资源开发，2020，37（11）.

[3] 程德俊，赵曙明 . 高参与工作系统与企业绩效：人力资本专用性和环境动态性的影响[J] . 管理世界，2006，22（3）.

[4] 崔明明，苏屹，李丹 . 跨界行为对员工任务绩效的影响——基于价值观的多元调节作用[J] . 经济管理，2018，40（8）.

[5] 侯如靖，韩晟昊，张初兵 . 心理所有权对在线品牌社区社会惰化的影响——一个有调节的中介模型[J] . 商业研究，2021（2）.

[6] 胡恩华，张文林 . 人力资源管理实践和工会实践耦合对工作重塑的影响——基于认知—情感系统理论[J] . 安徽大学学报（哲学社会科学版），2022，46（2）.

[7] 李燕萍，梁燕 . 集体心理所有权的生成机制与作用机理——基于多层次整合的理论模型构建[J] . 浙江工商大学学报，2018，27（4）.

[8] 刘薇，向姝婷. 高参与人力资源实践与员工学习的关系——个体—环境匹配的作用 [J]. 经济管理，2018，40（1）.

[9] 苗仁涛，西楠，曹毅. 高绩效工作系统对团队绩效的影响——团队内、外部社会资本的双中介模型 [J]. 经济管理，2021，43（1）.

[10] 田喜洲，郭小东，许浩. 工作重塑研究的新动向——基于调节定向的视角 [J]. 心理科学进展，2020，28（8）.

[11] 王颖，江新会，田思雨. 团队如何自组织和自适应？——团队工作重塑的概念、测量、前因与后果 [J]. 中国人力资源开发，2019，36（6）.

[12] 王桢. 团队工作重塑的形成与影响机制 [J]. 心理科学进展，2020，28（3）.

[13] 卫利华，刘智强，廖书迪，等. 集体心理所有权、地位晋升标准与团队创造力 [J]. 心理学报，2019，51（6）.

[14] 熊立. 从心之所"享"，顺"流"而创：高参与人力资源实践对员工二元创新的激励机制研究 [J/OL]. 南开管理评论，2021.

[15] 张征，闫春. 团队学习氛围对员工积极情绪和创新绩效的跨层次影响：集体主义导向的调节作用 [J]. 预测，2020，39（2）.

[16] 周帆，刘大伟. 工作要求—资源模型新视角——基于心理社会安全氛围的分析 [J]. 心理科学进展，2013，21（3）.

[17] Appelbaum, E. , Bailey, T. R. , Berg, P. B. , et al. Manufacturingadvantage：Why high-performance work systems pay off [J]. Academy of Management Review, 2000, 26（3）.

[18] Bakker, A. B. , Demerouti, E. The job demands-resources model：State of the art [J]. Journal of Managerial Psychology, 2007, 22（3）.

[19] Becker, B. E. , Huselid, M. A. SHRM and job design：Narrowing the divide [J]. Journal of Organizational Behavior, 2010, 31（2-3）.

[20] Berry, C. M. , Lelchook, A. M. , Clark, M. A. A meta-analysis of the interrelationships between employee lateness, absenteeism, and turnover：Implications for models of withdrawal behavior [J]. Journal of Organizational Behavior, 2012, 33（5）.

[21] Boon, C. , Den Hartog, D. N. , Lepak, D. P. Asystematic review of human resource management systems and their measurement [J]. Journal of Management, 2019, 45（6）.

[22] Dawkins, S. , Tian, A. W. , Newman, A. , et al. Psychological ownership：A review and research agenda [J]. Journal of Organizational Behavior, 2017, 38（2）.

[23] Demerouti, E. , Bakker, A. B. , Nachreiner, F. , et al. The job demands-resources model of burnout [J]. Journal of Applied Psychology, 2001, 86（3）.

[24] Flinchbaugh, C. , Li, P. , Luth, M. T. , et al. Team-level high involvement work practices：Investigating the role of knowledge sharing and perspective taking [J]. Human Resource Management Journal, 2016, 26（2）.

［25］ Giordano, A. P. , Patient, D. , Passos, A. M. , et al. Antecedents and consequences of collective psychological ownership: The validation of a conceptual model ［J］. Journal of Organizational Behavior, 2020, 41 (2).

［26］ Guthrie, J. P. , Spell, C. S. , Nyamori, R. O. Correlates and consequences of high involvement work practices: The role of competitive strategy ［J］. International Journal of Human Resource Management, 2002, 13 (1).

［27］ Hu, B. , Stein, M. C. , Mao, Y. , et al. The influence of human resource management systems on employee job crafting: An integrated content and process approach ［J］. Human Resource Management Journal, 2022, 32 (1).

［28］ Jiang, K. , Takeuchi, R. , Lepak, D. P. Where do we go from here? New perspectives on the black box in strategic human resource management research ［J］. Journal of Management Studies, 2013, 50 (8).

［29］ Leana, C. , Appelbaum, E. , Shevchuk, I. Work process and quality of care in early childhood education: The role of job crafting ［J］. Academy of Management Journal, 2009, 52 (6).

［30］ Li, Y. , Wang, M. , Van Jaarsveld, D. , et al. From employee-experienced high-involvement work system to innovation: An emergence-based human resource management framework ［J］. Academy of Management Journal, 2018, 61 (5).

［31］ Lichtenthaler, P. W. , Fischbach, A. A meta-analysis on promotion- and prevention-focused job crafting ［J］. European Journal of Work and Organizational Psychology, 2019, 28 (1).

［32］ Maden, C. Linking high involvement human resource practices to employee proactivity ［J］. Personnel Review, 2015, 44 (5).

［33］ Mäkikangas, A. , Bakker, A. B. , Schaufeli, W. B. Antecedents of daily team job crafting ［J］. European Journal of Work and Organizational Psychology, 2017, 26 (3).

［34］ Paré, G. , Tremblay, M. The influence of high-involvement human resources practices, procedural justice, organizational commitment, and citizenship behaviors on information technology professionals' turnover intentions ［J］. Group & Organization Management, 2007, 32 (3).

［35］ Peng, H. , Pierce, J. Job- and organization-based psychological ownership: Relationship and outcomes ［J］. Journal of Managerial Psychology, 2015, 30 (2).

［36］ Pierce, J. L. , Jussila, I. , Li, D. Development and validation of an instrument for assessing collective psychological ownership in organizational field settings ［J］. Journal of Management and Organization, 2018, 24 (6).

［37］ Pierce, J. L. , Jussila, I. Collective psychological ownership within the work and organizational context: Construct introduction and elaboration ［J］. Journal of Organizational Behavior, 2010, 31 (6).

［38］ Pierce, J. L. , Kostova, T. , Dirks, K. T. Toward a theory of psychological ownership in organizations［J］. Academy of Management Review，2001，26（2）.

［39］ Pierce，J. L. ，Li，D. ，Jussila，I. ，et al. An empirical examination of the emergence of collective psychological ownership in work team contexts［J］. Journal of Management & Organization，2020，26（5）.

［40］ Podsakoff，P. M. ，MacKenzie，S. B. ，Jeong-Yeon，L. ，et al. Commonmethod biases in behavioral research：A critical review of the literature and recommended remedies［J］. Journal of Applied Psychology，2003，88（5）.

［41］ Salas，E. ，Shuffler，M. L. ，Thayer，A. L. ，et al. Understanding and improving teamwork in organizations：A scientifically based practical guide［J］. Human Resource Management，2015，54（4）.

［42］ Song，Z. ，Gu，Q. ，Cooke，F. L. The effects of high-involvement work systems and shared leadership on team creativity：A multilevel investigation［J］. Human Resource Management，2020，59（2）.

［43］ Tims，M. ，Bakker，A. B. ，Derks，D. ，et al. Job crafting at the team and individual level：Implications for work engagement and performance［J］. Group & Organization Management，2013，38（4）.

［44］ Tremblay，M. How，why，and when high-involvement work systems are related to OCB：A multilevel examination of the mediating role of pos and of the moderating role of organizational structures［J］. Group & Organization Management，2019，44（3）.

［45］ Yang，Y. C. High-involvement human resource practices，affective commitment，and organizational citizenship behaviors［J］. Service Industries Journal，2012，32（7-8）.

The Cross-level Effect of High-involvement Work System
on Team Job Crafting：Based on Psychological Ownership Theory

Li Yuan[1]　Liu Yujing[2]　Li Xiyuan[3]

（1　Business School，Zhengzhou University，Zhengzhou，450001；

2，3　Economics and Management School，Wuhan University，Wuhan，430072）

Abstract：With the wide spread of team work model，teamwork has become the basic operation unit of current enterprise. It has been drawn widespread attention from both scholars and mangers to investigate that how to promote team efficiency through job crafting. Drawing upon psychological ownership theory，this study proposed a multilevel model to investigate the effect of high-involvement work system on team job crafting，and further investigated the mediating effect of collective psychological ownership and the regulating effect of team work resource. Adopting a multi-source，time-lagged questionnaire research design，this study collected data from 164 teams of 54 companies. The result found that high-involvement work system has a significant positive effect on promotion-focused team job crafting, and has a significant negative effect on prevention-focused team job crafting; collective psychological ownership mediates the relationship between high-involvement work system and promotion-focused and prevention-focused team job crafting; team work resource play a moderating role between collective psychological ownership and team job crafting, and further moderates the indirect effect of high-involvement work system on team job crafting through collective psychological ownership.

Key words：High-involvement work system；Team job crafting；Collective psychological ownership；Team work resource

专业主编：杜旌

环境温度对新产品采用的影响[*]
——基于认知资源理论

● 朱华伟[1] 何 斌[2] 温兴琦[3] 李姝瑾[4]

（1，2，3，4 武汉大学经济与管理学院 武汉 430072）

【摘 要】本研究根据认知资源理论探究环境温度对消费者新产品采用的影响。高温环境导致消费者耗费更多认知资源，难以对新产品的风险进行全面判断，从而提高对新产品的采用；这一效应针对突破式创新产品更为明显。本文通过三个实验验证上述假设。实验一为异地的现场实验，在检验主效应的同时证实了风险感知的中介效应；实验二基于认知资源视角进一步探讨了环境温度对新产品采用的中介路径；实验三检验了产品创新类型的调节作用。本研究不仅理论上有助于深化对于环境温度影响的理解，且对企业推出新产品的实践具有借鉴意义。

【关键词】环境温度 感知风险 突破式创新产品 渐进式创新产品

中图分类号：C93 文献标识码：A

1. 引言

我们每时每刻都生活在具体的温度环境中，并在不知不觉中受其影响。从个体视角看，消费者根据温度决定自己的衣着甚至房屋的装修；从企业视角看，其要根据不同地区的温度进行产品设计和供应。由于温度无处不在且影响深远，学术界对此也进行了研究，发现温度会影响消费者完成任务的表现（Tong et al.，2018）、对于不同类型产品的消费（Govind et al.，2020）以及支付意愿（Sinha & Bagchi，2019）等。在不同温度下，消费者对于风险的态度也不同（Cheema & Ratrick，2012），而这可能会影响决定企业绩效的关键因素——消费者对新产品的采用。

之所以探究环境温度对消费者新产品采用的影响，主要有以下三方面的原因：

---

* 基金项目：国家自然科学基金项目"网络公益平台上消费者亲社会行为研究：角色多元化视角下的角色冲突与促进"（项目批准号：72172109）；国家自然科学基金项目"自我意识视角的产品分享激发：从污染效应到幸福感的反转"（项目批准号：71872138）。

通讯作者：朱华伟，E-mail：zhuhuawei@whu.edu.cn。

第一，从业界看，虽然市场上的新产品层出不穷，但新产品的成功率仍是不尽如人意（黄静等，2019）；新产品的成功取决于消费者对其的反应，因此需要探究影响消费者对新产品反应的关键因素（李东进等，2018）；而环境因素正是影响消费者对新产品反应的重要因素之一（张宇和杜建刚，2022）。

第二，从学界看，环境因素已经成为氛围营销的重要内容，大量研究发现企业可以通过操控或者利用环境因素影响消费者行为，而环境温度则是其中的重要因素之一（Govind et al.，2020；Sinha & Bagchi，2019）。

第三，在既有针对消费者新产品采用的研究中，发现新产品风险是影响消费者新产品采用的关键障碍性因素（涂荣庭等，2011；Lin et al.，2020），而且消费者在不同的环境温度对风险的态度不同（Cheema & Ratrick，2012）。

因此，环境温度有可能影响消费者对于新产品的采纳行为。

综上，本文聚焦于环境温度对消费者新产品采用的影响。具体而言，本文将主要对比高温和低温对于消费者新产品采用的影响。通过理论演绎和假设检验，我们发现高温环境相对于低温环境降低了消费者对新产品的风险感知，从而有助于促进新产品的采用；而且，通过将新产品进一步细分为突破式创新产品和渐进式创新产品，我们发现环境温度对新产品采用的影响对于突破式创新产品更显著，因为突破式创新产品蕴含更高的采用风险。

2. 理论基础与研究假设

2.1 环境温度对消费者行为的影响

当前研究探讨环境温度对消费者行为的影响路径主要有以下两种思路：

第一种是情感路径，即当身体上温暖的概念被激活时，人们的知觉和行为就会被同化为心理上温暖的体验（Zhang & Risen，2014）。例如，个体接触到温暖的事物之后，也会认为他人较温暖（Williams & Bargh，2008），心理上与他人更接近、更相似（IJzerman & Semin，2009；Steinmetz & Mussweiler，2011），并感觉到更强的社会归属感（Chen et al.，2015）。究其原因，是温暖的事物启动了以上积极的情感，在消费行为中产生"溢价效应"。比如提升对同一产品的评价并增强购买意愿（Zwebner et al.，2014）、与品牌建立和维持牢固的个人关系（Albert，2010）。而当个体接触低温的事物之后，他们往往产生补偿性行为以弥补温暖感的缺失，如更愿意观看浪漫电影（Hong & Sun，2012）、更倾向于寻求多样性的产品种类（Lin & Kuo，2019）。

第二种是认知路径，即环境温度通过影响消费者的认知资源，进而影响最终行为。先前研究表明较高的环境温度会消耗个体认知资源，导致人们用于集中任务的认知资源减少（Hancock et al. 2007；Ramseeta，1983）。因此，在更温暖的环境下，消费者参与玩法复杂的游戏、做出艰难的产品选择的可能性较低（Cheema & Patrick，2012）、更倾向于使用他人的意见作为产品偏好和投注的基础（Huang et al.，2014）。

温度对个体行为的影响虽然包括情感路径和认知路径两条路径，但是情感路径的影响多来自接触温度，即个体通过接触具体的物体而引发他们的某种情感。例如，Williams 和 Bargh（2008）通过让被试端一杯热咖啡或者冰咖啡来刺激他们的感知温度；Zwebner 和 Goldenberg（2014）通过让被试接触不同温度的物体（如治疗垫或不同温度的屏幕等）来激发他们的温度感知。接触温度具有瞬间的触发性，与情感的激发相一致；而环境温度由于是个体一直身处于其中的温度，具有润物细无声的效果，难以瞬间触发个体的情感（Sinha & Bagchi, 2019）。所以，本文主要从认知视角探究环境温度对消费者新产品采用的影响，这与针对环境温度的既有研究相一致（Cheema & Patrick, 2012；Sinha & Bagchi, 2019）。

2.2 环境温度对消费者感知风险的影响

正如前文所述，环境温度会通过影响认知资源，进而影响人们的决策判断。既有研究发现，高温相对于低温会耗费人们更多的认知资源：第一，在高温环境下，环境的热量降低了人体自身产生热量的需要，人体的生理机能活跃度下降，从而导致认知资源的供应降低（Hancock & Warm, 1989）；第二，在高温环境下，外界的高温又需要人们耗费更多的认知资源去处理和适应，因为人们对于高温的忍耐度更低（Hancock & Vasmatzidis, 2003；Pocheptsova et al., 2009），这导致认知资源的损耗增加。反之，在低温环境下，低温刺激人体产生更多热量，提高了机体的活跃度，从而增加了对于认知资源的供应；而且，人们对于低温的忍耐度较高，低温对认知资源的损耗较少。综上所述，高温相对于低温环境会降低人们的认知资源，从而影响他们的判断和感知。

人们在认知资源受限的情况下，更容易出现冒险性行为，这可以从攻击性行为（aggression）的研究文献中得到印证。大量研究发现，在高温环境下，个体的攻击性更高。例如，Anderson 和 Anderson（1996）通过对比不同的城市发现，同等规模的城市平均温度越高，犯罪率越高；通过对同一城市的攻击性犯罪进行时间对比发现，夏季的攻击性犯罪率明显高于其他季节。Sinha 和 Bagchi（2019）在销售领域也发现类似结果，处于高温环境下的个体表现出更强的竞争性和冒险性，这导致他们在购买时给出更高的购买价格，而在谈判时给出更低的谈判价格。人们之所以在高温环境中表现出更高的冒险性行为，是因为高温消耗了人们的认知资源，导致他们对行为中潜在的风险无法进行全面的分析和判断。由此，本文提出如下假设：

H1：相对于低温环境，高温环境下的消费者感知风险更低。

2.3 环境温度对于消费者新产品采用的影响

新产品是相对于既有产品而言，在功能、特色或者设计上有差异的产品（Hoeffler, 2003）。影响消费者对于新产品态度和购买有两方面因素：一是产品的创新程度，这是新产品超越现有产品的独特之处，是创新产品的主要卖点（黄静等，2013）；二是产品创新所可能伴随的风险，如质量不稳定、使用难度提高等，这是影响创新产品购买的障碍性因素（涂荣庭等，2011；Lin et al., 2020）。

由于新产品是初上市的产品，而且与现有产品有明显差异，消费者对于它们并不熟悉，所以面临采用风险（周圆圆和郑煜煌，2022）。既有文献显示，消费者面对新产品有两方面的感知风险：产品使用结果的风险和产品使用过程的风险（Alba & Hutchinson，1987；Bettman，1973；Ram & Sheth，1989）。产品使用结果的风险包括有用性风险和稳定性风险，有用性风险是指消费者难以确定产品是否能满足自身需求，提供所需要的功能（Herzenstein et al.，2007）；稳定性风险是指消费者不确定产品的质量和功能能否在使用寿命内具有稳定性和可靠性（Roselius，1971）；大多数新产品是采用新材料、新技术或者新工艺制成的，这又强化了消费者对于产品有用性和稳定性的风险感知。产品使用过程的风险包括易用性风险和安全性风险（Bettman，1973），易用性风险是消费者不确定自己能否完全掌握新产品的使用方法，能否正确地使用新产品（Moreau et al.，2001）；安全性风险即产品在使用过程中是否会产生不良后果，甚至危害消费者的健康和安全（Ram & Sheth，1989）。对于消费者而言，无论产品使用结果的风险还是产品使用过程的风险，都将降低他们对新产品的采用意愿。

然而，当消费者处于不同的环境温度时，他们对新产品的采用意愿可能会呈现明显差异。在高温环境下，消费者由于认知资源不足而降低对于风险的感知，表现出更高的冒险性行为，从而对创新产品的采用意愿更高。在低温环境下，消费者由于认知资源的充裕更容易关注到创新产品的潜在风险，还会对风险进行更全面的判断；这往往导致消费者对新产品产生焦虑感，从而降低对创新产品的采用意愿（Lin et al.，2020）。由此，提出如下假设：

H2：相比低温环境，处于高温环境中的消费者由于降低了风险感知从而提高了对新产品的采用意愿。

2.4　产品创新类型的调节作用

产品创新性是指消费者从自身角度出发所感知到的产品创新程度（Gregan-paxton & John，1997）。新产品根据其创新性的不同可以分为突破式创新产品和渐进式创新产品（蒋廉雄等，2015；Lehmann，1994）。突破式创新产品（really new products）是指超越现有产品原型创造出的新产品，无论在功能还是在使用程序上都与原有产品原型有显著差异（李东进等，2018；Hoeffler，2003）；消费者在现有产品原型上积累的经验和知识无法运用到突破式创新产品上，可能面临更高的采用风险（葛和平等，2017；Alexander et al.，2008）。当消费者处于低温环境时，他们由于认知资源比较充裕，对于新产品的采用风险可以进行比较全面的判断，从而采用意愿较低；而当消费者处于高温环境时，他们由于认知资源比较匮乏，难以对新产品采用风险进行全面判断，从而采用意愿较高。因此，环境温度高低所导致消费者感知风险的差异针对突破式创新产品更为明显。渐进式创新产品（incrementally new products）是在现有产品原型上进行改进，所以新产品无论在功能还是使用程序上都以现有产品为基础（Mukherjee & Hoyer，2001）；消费者可以运用自己在现有产品原型上积累的知识和经验来解读和使用新产品，面临的感知风险较低（Kim et al.，2015）。由于渐进式创新产品本身的采用风险较低，环境温度高低所导致的消费者感知风险的差异对于此类产品可能不明显。由此，提出如下假设：

H3：产品创新类型会调节不同环境温度对感知风险的影响，进而影响消费者的新产品采用意愿。

H3a：当产品类型为突破式创新产品时，消费者处于高温环境比低温环境下呈现更高的新产品采

用意愿。

H3b：当产品类型为渐进式创新产品时，消费者处于高温环境与低温环境下对新产品的采用意愿无显著差异。

本研究通过 3 个实验探究环境温度对消费者新产品采用的影响。实验一和实验二采用线下操控和线上回忆的方式来调控环境温度，以挖掘环境温度对消费者新产品采用的主要影响和内在机制：实验一检验高温和低温环境对于消费者新产品采用的主效应，并验证感知风险在其中的中介作用；实验二通过直接操控认知资源进一步研究风险感知的中介作用；实验三通过现场实验验证产品创新类型在环境温度对新产品采用中的调节作用。

3. 实验一：环境温度对新产品采用的影响

实验一的目的之一是在真实环境下验证环境温度对消费者新产品采用的影响；目的之二是检验消费者的风险感知对于环境温度的中介作用。

3.1　实验设计

本研究采用单因素（环境温度：高温 vs. 低温）组间实验设计，测量的因变量为消费者对新产品的采用意愿，中介变量为消费者的感知风险。事先找好两个大小和布局基本相同的房间作为实验场地，然后从海口和武汉分别招募 50 名大学生被试参加实验。其中男性占比 38%，女性占比 62%。实验利用武汉和海口两地当天的实际温度差异，进行了天然的环境温度分组。其中，当日海口市室外温度为 22~30℃，实验房间内温度实测为 28.6℃（高温组）；武汉市室外温度为 8~21℃，实验房间内温度实测为 16.9℃（低温组）。过程中采用了专门的温度计对房间内的温度进行测量。在进入房间开始正式实验前，被试需要先静候 15 分钟，旨在让被试对房间的温度进行充分感知。

本研究通过文字及图片材料模拟了一个商品购买的情景，被试仔细阅读实验材料后完成问卷中的对应问项。结合既有文献的实验刺激物，本研究选择的刺激物为新推出的智能运动鞋。具体样式如图 1 所示。产品描述为"前所未见的智能运动鞋——自主调节脚底温度、跟踪每日步行数据、记录卡路里消耗，支持无线充电和智能语音绑带"。之后，测量被试对该运动鞋的购买意愿、所感知的购买风险、过程中的情感唤起以及被试对体感温度的感知（包括冷暖以及舒适性程度）。在全体被试填写完问项后，再次测量房间的温度，以确保在实验开展过程中环境温度没有出现显著变化。另外，作为操控检验，被试感知的体感温度通过被试自我报告进行测量，被试同样要在一个 7 分的题项中进行选择（1＝非常冷，7＝非常暖）。

3.2　变量测量

新产品采用意愿：本实验的因变量为新产品采用意愿，即被试在看到广告后，对实验展示的新

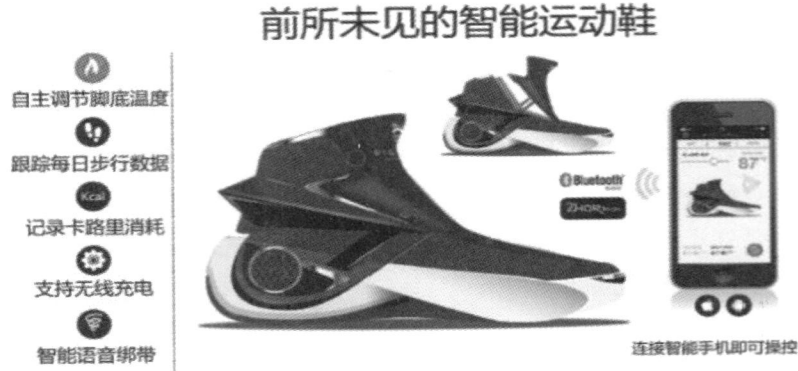

图 1　实验一的实验刺激物——智能运动鞋

产品的总体态度和想法。关于新产品采用意愿的测量借鉴的是 Zeithaml（1988）研究中的 7 分量表（1＝非常不同意，7＝非常同意）。具体题项为："我认为这款运动鞋很好；我对这款运动鞋很满意；我喜欢这款运动鞋；我可能会购买这款运动鞋"。

产品创新程度：对产品创新度感知的测量是"我认为这是一款前所未有的新产品"。

感知风险：感知风险的测量参考的是 Stone 和 Gronhaung（1993）的量表，该量表（1＝非常不同意，7＝非常同意）从财务风险、功能风险、身体风险、社交风险、心理风险 5 个维度测量消费者感知的新产品风险。具体题项为："购买该新产品后我会认为自己买贵了；我认为该新产品的功能不会给自己带来帮助；我认为该新产品会对自己的身体造成意外伤害；我的朋友会对该新产品有不好的评价；购买该新产品会给我带来心理负担"（$\alpha = 0.726$）。

为排除高温环境激活情感温暖的替代解释，还对被试在实验过程中的情感唤起进行了测量，具体包括愉悦、愤怒、敬畏、厌恶、害怕、悲伤和幸福（$\alpha = 0.85$）（Zwebner & Goldenberg，2014）。

3.3　数据分析

操纵检验：通过对被试体感温度的冷暖感知分析可知，在高温房间的被试比在低温房间的被试感觉更热（$M_{高温} = 5.08$，SD $= 1.23$，$M_{低温} = 3.90$，SD $= 1.45$；$F(1, 99) = 19.36$，$p < 0.001$，Cohen's $d = 0.88$），这表明本实验对被试温暖程度的控制是成功的。

通过对被试体感温度的舒适性感知分析可知，在高温房间的被试与在低温房间的被试在体感温度的舒适性感知方面不存在显著差异（$M_{高温} = 5.12$，SD $= 1.21$，$M_{低温} = 4.78$，SD $= 1.50$；$F(1, 99) = 1.56$，$p = 0.215$，），这表明本实验在温度上的操纵并不会影响被试的舒适性感知。

被试针对本款运动鞋的创新度的感知高于 5（$M = 5.61$，SD $= 0.81$），符合既有文献所提出的突破式创新产品的产品创新度得分应大于 5.5 分（总分 7 分）的标准（Ma et al.，2014）。

主效应分析：高温环境和低温环境对被试的新产品采用意愿的影响具有显著差异（$M_{高温} = 4.57$，SD $= 1.38$，$M_{低温} = 3.63$，SD $= 1.08$，$F(1, 99) = 14.47$，$p < 0.001$，Cohen's $d = 0.76$）；在高温环境下，

消费者更愿意购买实验中的智能运动鞋。

被试的感知风险在不同温度环境下同样存在显著差异（$M_{高温} = 3.70$，SD $= 1.07$，$M_{低温} = 4.73$，SD $= 0.94$，F（1，99）$= 26.02$，$p < 0.001$，Cohen's $d = 1.02$）；在高温环境下，消费者的感知风险更低，假设 H1 得到验证。

中介效应分析：实验一测量消费者的感知风险作为中介变量，以检验环境温度对新产品采用的作用机制。参照 Preacher 等（2007）提出的 Bootstrap 中介检验方法，通过 Process 插件对数据进行分析。基本操作为将自变量（环境温度）、中介变量（感知风险）和因变量（新产品采用意愿）放入对应的选项框，选择模型 4，样本量选择为 5000，置信区间选择 95%。中介分析结果显示，被试的感知风险中介了环境温度对被试新产品采用意愿的影响，中介效应的大小为 0.33，区间为 [LLCI $= -0.6685$，ULCI $= -0.0553$]，区间范围不包含 0，所以中介效应显著，假设 H2 得到验证。

潜在中介效应分析：为排除高温环境激活情感温暖的替代解释（Zwebner & Goldenberg，2014），实验一对被试的情感唤起进行了测量。7 种具体情绪通过因子分析分为积极情感（愉悦、幸福；$\alpha = 0.75$）和消极情感（愤怒、敬畏、厌恶、害怕、悲伤；$\alpha = 0.91$）。被试的情感唤起在不同温度环境下不存在显著差异（积极情感：$M_{高温} = 4.16$，SD $= 1.32$，$M_{低温} = 3.72$，SD $= 1.36$，F（1，99）$= 2.68$，$p = 0.11$；消极情感：$M_{高温} = 2.30$，SD $= 1.35$，$M_{低温} = 2.64$，SD $= 1.18$，F（1，99）$= 1.83$，$p = 0.18$）。

借助 Bootstrap 中介检验方法，通过 Process 插件对数据进行进一步分析。基本操作为将自变量（环境温度）、潜在中介变量（情感唤起：积极情感和消极情感）和因变量（新产品采用意愿）放入对应的选项框，选择模型 4，样本量选择为 5000，置信区间选择 95%。中介分析结果显示，被试的情感唤起（积极情感和消极情感）并未中介环境温度对被试新产品采用意愿的影响，其中，置信区间分别为 [LLCI $_{积极情感} = -0.4767$，ULCI $_{积极情感} = 0.0252$]、[LLCI $_{消极情感} = -0.0597$，ULCI $_{消极情感} = 0.1286$]，区间范围都包含 0，所以情感唤起的中介效应不显著，排除了潜在的中介效应。

3.4　结果讨论

实验一利用地区间气温的天然差异操控了被试所处的环境温度，并测量他们对智能运动鞋的购买意愿，最终证实高温环境会提高消费者对于新产品的采用。更为重要的是，本实验排除了情感唤起的潜在中介，证实环境温度是通过影响消费者的风险感知而影响他们对新产品的采用：高温环境降低了被试的感知风险，从而提高了他们对新产品的采用。随后，我们将基于认知资源视角，通过实验二进一步探讨环境温度影响新产品采用意愿的中介路径。

4. 实验二：认知资源视角的中介检验

实验二的主要目的是进一步验证：环境温度通过影响消费者认知资源的消耗而影响他们对新产品的感知风险，即与低温环境相比，高温环境会消耗个体更多认知资源，从而降低对新产品的感知风险，最终提高采用意愿。本实验采用新款自行车作为新产品刺激物，通过回忆法探究消费者在不同环境温度下的新产品采用意愿。

4.1 实验设计

实验采用 2（环境温度：高温 vs. 低温）×2（认知资源：高 vs. 低）的组间对比实验设计，测量的因变量为消费者对于新产品的采用意愿。实验通过"问卷星"平台收集数据，共收集问卷 200 份，剔除没通过注意力检测的无效样本 2 份，最终，一共获得有效问卷 198 份，男性占比 66.7%，女性占比 33.3%；样本年龄主要为 26~40 岁（76.2%）。

本实验对环境温度的操纵采用了 Lerner 和 Keltner（2001）的启动法。具体来说，被试被要求思考并详细描述他们经历过的高温天气（低温天气），以及他们在这种天气下进行的活动。除此之外，实验二还会通过展示一些夏天/冬天的图片（见图 2），对被试进行进一步的温度感知刺激。文字材料表述为："请您回忆一次天气温度特别高（低），您感觉到特别热（冷）的情景，当您处于上述高温（低温）情景时，您在进行什么活动，请具体详细地描述"。

图 2 高温组与低温组的启动图片

认知资源的操纵采用 Shiv 和 Fedorikhin（1999）的方法，即让被试完成贯穿整个实验过程但难易程度不同的数字记忆任务。例如高认知资源组的被试需要记忆 2 位数字（25），而低认知资源组需要记住 8 位数字（30791425）。实验最后填写 2 项 7 点制 Likert 量表（"我很难记住这些数字"和"我花费了很大的精力去记住这些数字"）。

结合既有文献，新产品刺激物选取的是一款新推出的自行车（Wu et al.，2021），通过文字材料和图片材料给被试模拟一个具体的购买场景。自行车的文字介绍如下："从外观上看，该新款自行车取消了普通自行车的链条结构，造型简洁前卫；采用全新的 Driven 传动概念系统，不再依赖于传统的链条、变速器和滑轮，通过高效的变速箱将踏板产生的动力完全变换为驱动力，让自行车骑起来又快又省力，完全颠覆了旧有的链条驱动系统；整体结构简单、安全耐用，骑行 12000 公里无须大修"。自行车的图片材料如图 3 所示。

在实验刺激物展示之后，测量被试对新产品的创新度感知、购买意愿、所感知的购买风险以及被试对体感温度的感知（包括冷暖以及舒适性程度），测量题项与实验一相同。

图 3　实验二的实验刺激物——自行车

4.2　数据分析

操纵检验：在被试自我感知的温暖程度上，通过方差分析显示，回忆高温情景的被试比回忆低温情景的被试感知温暖程度更高（$M_{高温}=4.96$，SD$=1.75$，$M_{低温}=2.54$，SD$=1.23$；$F(1, 197)=127.11$，$p<0.001$，Cohen's $d=1.59$），这表明本实验对温度的控制是成功的。

回忆不同温度情景的被试并不存在温度舒适性的感知差异（$M_{高温}=3.55$，SD$=1.63$，$M_{低温}=3.41$，SD$=1.53$；$F(1, 197)=0.40$，$p=0.53$），即本实验在温度上的操纵并不会影响被试的舒适性感知。此外，被试对于该自行车的创新度感知较高（$M=5.67$，SD$=0.94$）。

在被试认知资源的控制上，通过方差分析显示，与高资源组相比，低资源组的被试表示实验任务耗费了其更多精力（$M_{低资源}=3.42$，SD$=1.64$，$M_{高资源}=1.77$，SD$=1.04$；$F(1, 197)=71.76$，$p<0.001$，Cohen's $d=1.20$），这表明本实验对认知资源的操纵是成功的。

主效应分析：通过方差分析，结果显示回忆不同温度的情境对消费者新产品采用意愿的影响具有显著差异（$M_{高温}=5.86$，SD$=0.71$，$M_{低温}=5.47$，SD$=0.93$，$F(1, 197)=11.20$，$p=0.001$，Cohen's $d=0.47$），验证了本研究的主效应。

在高认知资源组，环境温度对消费者新产品采用意愿的影响依然具有显著差异（$M_{高温}=5.83$，SD$=0.73$，$M_{低温}=5.17$，SD$=1.11$，$F(1, 99)=12.31$，$p=0.001$，Cohen's $d=0.70$）；而在低认知资源组，环境温度对消费者新产品采用意愿的影响不再具有显著差异（$M_{高温}=5.91$，SD$=0.69$，$M_{低温}=5.78$，SD$=0.58$，$F(1, 97)=1.04$，$p=0.31$）。

类似地，环境温度对消费者感知风险的影响未发现显著差异（$M_{高温}=2.77$，SD$=0.86$，$M_{低温}=2.88$，SD$=0.87$，$F(1, 197)=0.939$，$p=0.334$，）。然而结合认知资源分组来看，高认知资源组被试的感知风险在不同温度环境下存在显著差异（$M_{高温}=2.68$，SD$=0.81$，$M_{低温}=3.02$，SD$=0.91$，$F(1, 99)=3.986$，$p=0.049<0.05$，Cohen's $d=0.39$），在高温环境下，消费者的感知风险更低；而低认知资源组被试的感知风险在不同温度环境下依然不存在显著差异（$M_{高温}=2.86$，SD$=0.90$，$M_{低温}=2.75$，SD$=0.81$，$F(1, 99)=0.408$，$p=0.525$）。

中介效应分析：借助 Bootstrap 中介检验方法，通过 Process 插件对感知风险的中介作用进行分析，操作流程与实验一保持一致。中介分析结果显示，被试的感知风险并未中介环境温度对新产品采用意愿的影响，区间为［LLCI = −0.1888，ULCI = 0.0530］，区间范围包含0。然而结合认知资源组别分析显示：在高认知资源组中，感知风险显著中介了环境温度对被试新产品采用意愿的影响，中介效应的大小为0.25，区间为［LLCI = −0.4200，ULCI = −0.0038］；在低认知资源组中，被试的感知风险不存在中介作用，区间为［LLCI = −0.0992，ULCI = 0.1846］。这说明环境温度对感知风险的作用主要是通过影响认知资源实现的。当消费者处于认知资源匮乏的状态时，环境温度对感知风险的影响不再显著。

4.3 结果讨论

实验二进一步证明环境温度通过影响消费者对新产品的感知风险，进而影响采用意愿的中介机制主要是基于其对认知资源的消耗程度而实现的。然而，新产品根据其创新程度也分不同类型，那么，环境温度是否对所有类型的新产品采用都有影响？我们将在实验三中探究这一问题。

5. 实验三：产品创新类型的调节作用

实验三的目的有两个：一是更换实验刺激物，再次检验环境温度对新产品的采用影响，并检验感知风险的中介作用；二是将新产品按照其创新程度分为突破式创新产品和渐进式创新产品，探究环境温度对不同类型新产品的采用影响，以此探究环境温度的作用边界。

5.1 实验设计

我们首先通过预实验选择合适的产品类型：突破式创新产品和渐进式创新产品。以智能鼠标作为产品对象，通过70人（男性占比48.6%）对两款不同设计的智能鼠标进行判断，选择一款前所未有的智能鼠标作为突破式创新产品，选择一款全面升级的智能鼠标作为渐进式创新产品（具体产品描述见图4）。

实验三采用2（环境温度：高温 vs. 低温）×2（产品创新类型：突破式创新产品 vs. 渐进式创新产品）的组间对比实验设计，从武汉某高校招募179名学生参加本实验，其中男性占比为53.1%，女性占比46.9%。本实验通过调整房间内的空调温度来设置高低温组：事先找好两个大小和布局基本相同且都带有空调的房间，在被试进入之前半小时打开空调调整房间温度（高温房间的温度为27.5℃，低温房间的温度为17.7℃，有专门的温度计测量房间内的温度）。在进入房间开始正式实验前，被试同样需要先静候15分钟，旨在让被试对房间中的温度进行充分感知。

本实验采用与先前实验类似的方式通过文字及图片材料模拟了一个具体的购买情景，只是将刺激物更换为不同创新类型的新款鼠标。被试在看过刺激物展示之后，回答关于采用意愿、感知风险、感知体感温度等量表，具体题项与先前相同。此外，在被试填写完成后，实验员再次测量房间的温

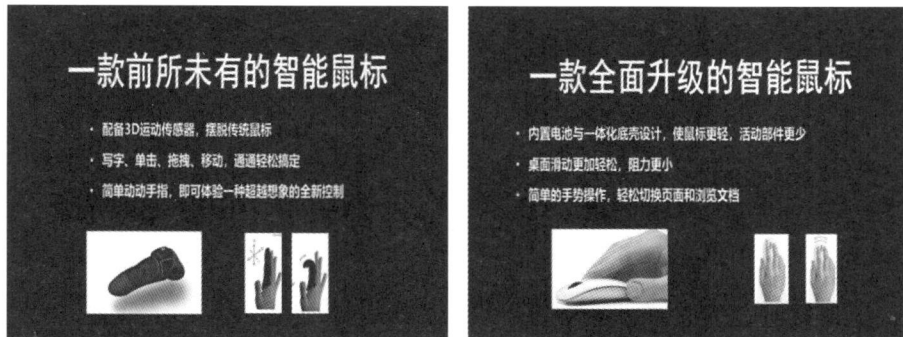

图 4　突破式创新产品和渐进式创新产品设计

度，以确保在实验开展过程中环境温度没有出现显著差异。

5.2　数据分析

操纵检验：通过对被试体感温度的方差分析显示，在高温房间的被试比在低温房间的被试感觉更热（$M_{高温}=5.18$，SD$=1.05$，$M_{低温}=4.03$，SD$=1.19$，$F(1,178)=46.69$，$p<0.001$，Cohen's $d=1.02$），这表明本实验对环境温度的操控是成功的。

主效应分析：高温环境和低温环境对被试新鼠标的采用意愿具有显著差异性影响（$M_{高温}=5.26$，SD$=0.87$，$M_{低温}=4.95$，SD$=1.19$，$F(1,178)=4.08$，$p=0.045$，Cohen's $d=0.30$）；整体而言处于高温环境中的被试更愿意采用新款鼠标，主效应再次得到验证。

被试的感知风险在不同温度环境下同样存在显著差异（$M_{高温}=2.48$，SD$=0.76$，$M_{低温}=2.87$，SD$=1.39$，$F(1,178)=5.56$，$p=0.02$，Cohen's $d=0.35$）；在高温环境下，消费者的感知风险更低。

中介效应分析：实验三再次验证感知风险的中介作用。与先前实验处理方式相同，使用 Process 插件进行数据处理，将自变量（环境温度）、中介变量（感知风险）和因变量（新产品采用意愿）放入对应的选项框，选择模型 4，样本量选择为 5000，置信区间选 95%。中介分析结果显示，消费者的感知风险中介了环境温度对消费者的新产品采用意愿的影响，中介效应的大小为 0.23，区间为 [LLCI$=-0.4402$，ULCI$=-0.0385$]，区间范围不包含 0，中介效应显著，假设 H2 再次得到验证。

调节效应分析：为了验证产品创新类型对环境温度的调节作用，我们以被试的采用新产品意愿为因变量，构建环境温度×产品创新类型的交互项作为自变量来检验调节效应。结果显示，环境温度与产品创新类型的交互项对被试新产品采用意愿有显著影响（$F(1,178)=4.59$，$p=0.034$）。随后的对比分析显示，针对突破式创新产品，环境温度对新产品采用意愿有显著影响：高温环境下的被试对新鼠标呈现出更高的采用意愿（$M_{高温}=5.43$，SD$=0.61$，$M_{低温}=4.78$，SD$=1.39$，$F(1,89)=8.15$，$p=0.005$，Cohen's $d=1.36$），假设 H3a 得以验证；针对渐进式创新产品，环境温度对新产品采用意愿无显著影响（$M_{高温}=5.10$，SD$=1.05$，$M_{低温}=5.11$，SD$=0.94$，$F(1,88)=0.01$，$p=$

0.944), 假设 H3b 得以验证。数据结果如图 5 所示。

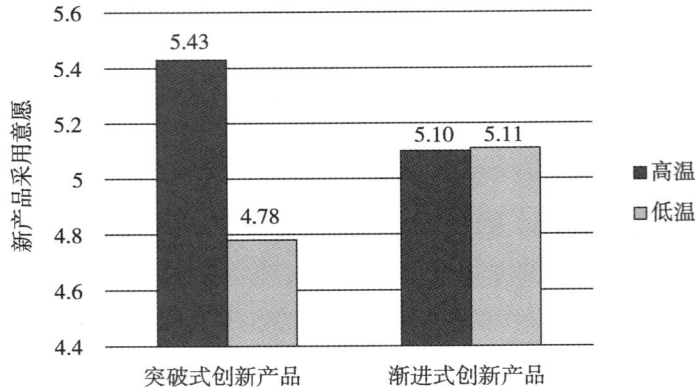

图 5 产品创新类型的调节作用

产品创新类型的调节中介效应分析: 本研究的假设 H3 提出, 当消费者面对的产品创新类型为突破式创新产品时, 感知风险的中介效应存在; 当面对的产品创新类型为渐进式创新产品时, 感知风险的中介效应则不存在。因此, 实验三分别对突破式创新产品和渐进式创新产品进行感知风险的中介检验。

本实验继续以 Bootstrap 检验不同产品创新类型下感知风险的中介作用, 参考以往的研究, 选择模型 8, 样本量选择为 5000, 置信区间选 95%。中介效应检验的结果表明。当产品创新类型为突破式创新产品时, 感知风险中介了环境温度对被试的新鼠标采用意愿的影响, 中介效应的大小为 0.35, 区间为 [LLCI = −0.6632, ULCI = −0.0742], 区间范围不包含 0, 所以中介效应显著, 验证了假设 H3a; 当产品创新类型为渐进式创新产品时, 消费者的感知风险没有中介环境温度对消费者的新产品采用意愿的影响, 区间为 [LLCI = −0.3662, ULCI = 0.1636], 区间范围包含 0, 所以中介效应不显著, 验证了假设 H3b。

5.3 结果讨论

实验一和实验二的研究结果发现, 处于高温环境下的消费者对于新产品表现出更高的采用意愿, 是因为高温环境通过耗费认知资源而降低了他们对于新产品风险的感知。本实验通过将新产品进一步细分, 发现环境温度对新产品采用的作用主要表现在突破式创新产品, 因为这类新产品创新度较高致使感知风险成为决定采用的关键变量。

6. 总体讨论

本研究通过 3 个实验探究了环境温度对消费者新产品采用的影响, 并就其中的内在机制展开具体讨论。首先，实验一用不同地区的温度差异，初步验证环境温度影响消费者对新产品的采用意愿，高温环境会促进消费者对新产品的采用，并验证了感知风险在其中的中介作用。研究结果表明，高温环境会促进消费者对新产品的采用，这是由于高温环境降低了消费者对新产品的风险感知。其次，实验二进一步证明，环境温度通过影响消费者感知风险进而影响新产品采用意愿的中介作用主要是通过认知资源路径实现的。最后，实验三在前面实验的基础上，探究环境温度对于不同类型新产品的影响。新产品按照其创新程度的不同可以分为突破式创新产品和渐进式创新产品，突破式创新产品的创新程度更高，导致消费者面临更高的采用风险，因而对于环境温度的变化更为敏感；而渐进式产品的创新程度低，导致消费者的采用风险较低，从而导致环境温度对其影响不明显。

6.1 理论贡献

鉴于温度对消费者行为的普遍影响，以及新产品成功对企业绩效的重要性，本研究探究环境温度对消费者新产品采用的影响，有助于从以下几方面丰富既有文献：

第一，本文从研究视角上探究了温度对于消费者新产品采用的影响。鉴于消费者的新产品采用对产品成功的重要影响，既有文献从不同视角探究影响消费者新产品采用的各种因素。例如，张宇和杜建刚（2022）发现高明亮度的环境有助于激发消费者的促进导向，从而提高对新产品的采用；李东进、金慧贞和郑军（2018）的研究发现，产品的陈列方式会影响消费者对于新产品的采用；黄静等（2019）的研究发现成长型思维的消费者对于新产品的接受度更高；周圆圆和郑煜煌（2022）的研究发现，基于未来导向的说服信息能够促进对于新产品的采用。通过总结上述的研究可以发现，无论消费者的促进导向、成长思维还是未来导向，本质上都是影响消费者对风险的感知或态度，从而影响他们的新产品采用（涂荣庭等，2011）。作为对于上述研究的延伸，本文探究了环境温度对于消费者风险感知的影响，有助于丰富消费者新产品采用方面的研究文献。

第二，本文从研究思路上揭示了环境温度对消费者新产品采用的具体影响和内在机制。以往针对温度的相关研究主要是探究温暖对于消费者的影响，例如提高对于产品的评价（Zwebner & Goldenberg, 2014）或拉近人们的心理距离等（IJzerman & Semin, 2009），主要原因是接触温暖的事物启动了人们温暖的情感反应。温暖是比较宜人的温度，然而本文主要探究的是可能导致人们不适感的环境温度；与接触温度往往触发情感反应不同，环境温度更可能引发人们的认知反应。本研究发现，高温环境相对于低温环境耗费了人们的认知资源，从而导致他们对于新产品的潜在风险认知不足，提高了对于新产品的采用。从认知视角解读并验证环境温度的作用是对环境温度领域文献的深化。

第三，本文从研究内容视角分析了环境温度对消费者新产品采用的边界因素。虽然产品创新类型在新产品的研究中已有丰富的研究成果，但鲜有研究将产品创新类型与环境温度相关联，探究环境温度对不同类型新产品的采用影响。本研究沿着感知风险的逻辑，指出环境温度对于突破式创新产品的采用具有更显著的影响。本研究结果不仅有助于丰富温度影响方面的研究文献，而且有助于深化新产品采用方面的研究文献。

6.2　管理意义

本研究表明，消费者的新产品采用意愿受到环境温度的显著影响。通过探讨环境温度影响消费者新产品采用意愿的内在机制，本研究在管理实践上对企业的实践操作具有较强的指导性意义，为企业在新产品推广的应用中提供了以下参考依据：

第一，研究结果表明，在新产品采用意愿中，较高的环境温度会导致更高的新产品采用意愿。可见，环境温度对于新产品的推广有刺激效果。这提示企业在推广新产品时，除了需要关注产品本身的差异之外，还需要调整消费者购物场景的温度。店内更温暖的温度可能对新产品有更好的推广效果。

第二，对于主要购物场景在网上的电子商家，需要考虑季节和地理位置对新产品销售的影响，例如企业可以选择在炎热的夏天和高温地区推广突破式创新产品，从而实现场景式精准营销。

第三，根据本研究对环境温度内在作用机制的揭示，温度会对消费者的风险感知有显著影响。所以对于股票市场、拍卖行、赌场等场所，环境温度也是管理人们交易倾向的有用工具。例如，在一个环境温度相对较高的股票交易厅里，投资者更有可能实施更大胆、风险更高的投资行为，这些影响同样值得进一步实践应用。

6.3　研究局限和未来研究方向

本研究虽然取得了一些研究成果，但在整个研究过程中也有一定的不足和局限：第一，被试类型的局限。为了追求实验安排的便捷性，实验的被试群体大多为大学生群体，忽略了被试类型的丰富性，这可能使得研究结论的推广性有限，温度对新产品采用的影响作用是否可以推广到其他人群上，还有待进一步的实证研究以提高外在效度。第二，本研究聚焦于产品创新类型的影响，未来研究还需要考虑如感知流畅性等其他边界条件的影响。第三，本研究探究的是产品创新类型对环境温度的调节作用，未来研究可以探究其他边界变量，诸如不同类型的品牌（情感型和能力型）、不同的购买场景（线下购买还是线上购买）等对于环境温度的调节作用。

◎　**参考文献**

[1] 葛和平，吴福象. 垂直专业化、核心技术创新与自主品牌创建——基于产业集群中我国本土企业创新行为视角 [J]. 济南大学学报（社会科学版），2017，27（3）.

[2] 黄静，肖皓文，温振洋，等. 更进一步还是重新开始？——思维模式对消费者新产品采用的影响 [J]. 中国软科学，2019（12）.

[3] 蒋廉雄，冯睿，滕海波，等. 不同品牌化情境下的新产品采用：消费者创新性和品牌依恋的影响 [J]. 南开管理评论，2015，12（8）.

[4] 李东进，金慧贞，郑军. 产品陈列对极度不一致产品评价的影响研究 [J]. 管理评论，2018，30（9）.

［5］涂荣庭，吕堂荣，韦夏．趋利或避害：信息内容对新产品感知风险的影响［J］．经济管理，2011，33（8）．

［6］张宇，杜建刚．物理环境明亮度对新产品采用的影响研究［J］．管理评论，2022，34（2）．

［7］周圆圆，郑煜煌．创新产品的情景想象——时间视角与调节聚焦的匹配相应［J］．管理评论，2022，34（2）．

［8］Alba, J. W., Hutchinson, J. W. Dimensions of consumer expertise［J］. Journal of Consumer Research, 1987, 13（4）.

［9］Albert, N. Measuring the love feeling for a brand using interpersonal love items［J］. Journal of Marketing Development and Competitiveness, 2010, 5.

［10］Alexander, D. L., Lynch, J. G., Wang, Q. As time goes by: Do cold feet follow warm intentions for really new versus incrementally new products?［J］. Journal of Marketing Research, 2008, 45（3）.

［11］Anderson, C. A., Anderson, K. B. Violent crime rate studies in philosophical context: A destructive testing approach to heat and southern culture of violence effects［J］. Journal of Personality & Social Psychology, 1996, 70（4）.

［12］Bettman, J. R. Perceived risk and its components: A model and empirical test［J］. Journal of Marketing Research, 1973, 10（2）.

［13］Cheema, A., Patrick, V. M. Influence of warm versus cool temperatures on consumer choice: A resource depletion account［J］. Journal of Marketing Research, 2012, 49（6）.

［14］Chen, Z., Poon, K., Dewall, C. Cold thermal temperature threatens belonging: The moderating role of perceived social support［J］. Social Psychological & Personality Science, 2015, 6（4）.

［15］Govind, R., Garg, N., Mittal, V. Weather, affect, and preference for hedonic products: The moderating role of gender［J］. Journal of Marketing Research, 2020, 57（4）.

［16］Gregan-paxton, J., John, D. R. Consumer learning by analogy: A model of internal knowledge transfer［J］. Journal of Consumer Research, 1997, 24（3）.

［17］Hancock, P. A., Ross, J. M., Szalma, J. L. A meta-analysis of performance response under thermal stressors［J］. Human Factors, 2007, 49（5）.

［18］Hancock, P. A., Vasmatzidis, I. Effects of heat stress on cognitive performance: The current state of knowledge［J］. International Journal of Hyperthermia, 2003, 19（3）.

［19］Hancock, P. A., Warm, J. S. A dynamic model of stress and sustained attention［J］. Human Factors, 1989, 31（5）.

［20］Herzenstein, M., Posavac, S. S., Brakus, J. J. Adoption of new and really new products: The effects of self-regulation systems and risk salience［J］. Journal of Marketing Research, 2007, 44（2）.

［21］Hoeffler, S. Measuring preferences for really new products［J］. Journal of Marketing Research, 2003, 40（4）.

［22］Hong, J., Sun, Y. Warm it up with love: The effect of physical coldness on liking of romance movies［J］. Journal of Consumer Research, 2012, 39（2）.

［23］ Huang, X., Zhang, M., Hui, M. K., et al. Warmth and conformity: The effects of ambient temperature on product preferences and financial decisions ［J］. Journal of Consumer Psychology, 2014, 24（2）.

［24］ IJzerman, H., Semin, G. R. The thermometer of social relations: Mapping social proximity on temperature ［J］. Psychological Science（Wiley-Blackwell）, 2009, 20（10）.

［25］ Kim, J. S., Hahn, M., Yoon, Y. The moderating role of personal need for structure on the evaluation of incrementally new products versus really new products ［J］. Psychology & Marketing, 2015, 32（2）.

［26］ Lehmann, D. Characteristics of "really" new products ［C］. paper presented at the Marketing Science Institute Conference, Boston, 1994.

［27］ Lerner, J. S., Keltner, D. Fear, anger, and risk ［J］. Journal of Personality and Social Psychology, 2001, 81（1）.

［28］ Lin, H., Kuo, S. Influence of temperature on variety-seeking behavior ［J］. Journal of Sensory Studies, 2019, 34（6）.

［29］ Lin, Y. T., MacInnis, D. J., Eisingerich, A. B. Strong anxiety boosts new product adoption when hope is also strong ［J］. Journal of Marketing, 2020, 84（5）.

［30］ Ma, Z., Yang, Z., Mourali, M. Consumer adoption of new products: Independent versus interdependent self-perspectives ［J］. Journal of Marketing, 2014, 78（2）.

［31］ Moreau, C. P., Lehmann, D. R., Markman, A. B. Entrenched knowledge structures and consumer response to new products ［J］. Journal of Marketing Research, 2001, 38（1）.

［32］ Mukherjee, A., Hoyer, W. D. The effect of novel attributes on product evaluation ［J］. Journal of Consumer Research, 2001, 28（3）.

［33］ Pocheptsova, A., Amir, O., Dhar, R., et al. Deciding without resources: Resource depletion and choice in context ［J］. Journal of Marketing Research, 2009, 46（3）.

［34］ Preacher, K. J., Rucker, D. D., Hayes, A. F. Addressing moderated mediation hypotheses: Theory, methods, and prescriptions ［J］. Multivariate Behavioral Research, 2007, 42（1）.

［35］ Ram, S., Sheth, J. N. Consumer resistance to innovations: The marketing problem and its solutions ［J］. Journal of Consumer Marketing, 1989, 6（2）.

［36］ Roselius, T. Consumer rankings of risk reduction methods ［J］. Journal of Marketing, 1971, 35（1）.

［37］ Shiv, B., Fedorikhin, A. Heart and mind in conflict: The interplay of affect and cognition in consumer decision making ［J］. Journal of Consumer Research, 1999, 26（3）.

［38］ Sinha, J., Bagchi, R. Role of ambient temperature in influencing willingness to pay in auctions and negotiations ［J］. Journal of Marketing, 2019, 83（4）.

［39］ Steinmetz, J., Mussweiler, T. Breaking the ice: How physical warmth shapes social comparison consequences ［J］. Journal of Experimental Social Psychology, 2011, 47（5）.

［40］ Stone, R. N., Gronhaug, K. Perceived risk: Further considerations for the marketing discipline ［J］.

European Journal of Marketing, 1993, 27 (3).

[41] Tong, L., Zhu, R. (Juliet), Zheng, Y., et al. Warmer or cooler: The influence of ambient temperature on complex choices [J]. Marketing Letters, 2018, 29 (3).

[42] Williams, L. E., Bargh, J. A. Experiencing physical warmth promotes interpersonal warmth [J]. Science, 2008, 322 (5901).

[43] Wu, Y., Liu, T., Teng, L., et al. The impact of online review variance of new products on consumer adoption intentions [J]. Journal of Business Research, 2021, 136.

[44] Zeithaml, V. A. Consumer perceptions of price, quality, and value— A means-end model and synthesis of evidence [J]. Journal of Marketing, 1988, 52 (3).

[45] Zhang, Y., Risen, J. L. Embodied motivation: Using a goal systems framework to understand the preference for social and physical warmth [J]. J Pers Soc Psychol, 2014, 107 (6).

[46] Zwebner, Y., Lee, L., Goldenberg, J. The temperature premium: Warm temperatures increase product valuation [J]. Journal of Consumer Psychology, 2014, 24 (2).

Research on the Impact of Ambient Temperature on Adoption of New Products: Based on Cognitive Resource Theory

Zhu Huawei[1] He Bin[2] Wen Xingqi[3] Li Shujin[4]

(1, 2, 3, 4 Economics and Management School, Wuhan University, Wuhan, 430072)

Abstract: In this study, the influence of ambient temperature on consumer adoption of new products was explored based on cognitive resource theory. High temperature environments cost consumers more cognitive resource, which reduce their perception of risk, and thus improve the adoption of new products. The effect is more pronounced for really new product. In this paper, Three experiments were conducted to verify the above hypotheses. Study 1 used quasi-experiment method to control the ambient temperature to verify the main effect that the high temperature environment could promote the adoption of new products. Study 2 tested the underlying mechanism from the perspective of cognitive resource. Study 3 tested the moderating effect of the type of new product while verifying the main effect and mediating effect. This study is not only theoretically helpful to deepen the understanding of the influence of temperature, but also has reference significance for enterprises to launch new products in practice.

Key words: Ambient temperature; Perceived risk; Really new product; Incremental new product

专业主编：寿志钢

珞珈 管理评论
2022 年卷第 4 辑（总第 43 辑）

Luojia Management Review
No. 4，2022（Sum. 43）

"从众主导"还是"说服优先"?[*]
——双面评论的双重属性对消费者购买意愿的影响研究

● 袁海霞[1]　　王婉莹[2]

（1，2　安徽大学商学院　合肥　230601）

【摘　要】本研究从消费者感知视角出发，通过 3 个实验和网络平台二手数据分析，探究了不同产品类型条件下双面评论的双重属性（数量、效价）的交互作用对消费者购买意愿的影响及其作用路径。研究一探究了双面评论双重属性对消费者购买意愿的影响；研究二在控制产品类型的基础上基于二手数据对研究一进行了进一步验证，探究了本文主效应的稳健性；研究三在之前研究的基础上探究了双面评论对购买意愿的作用路径；研究四在重复前期实验结果的基础上，探究了产品类型在双面评论双重属性对消费者感知影响中的调节作用。结果表明：（1）双面评论双重属性（数量和效价）交互影响消费者购买意愿。当双面评论数量少时，负评比例对消费者购买意愿的负向影响被增强；当双面评论数量多时，负评比例对消费者购买意愿的影响被削弱。（2）双面评论双重属性交互影响消费者风险感知和独特性感知。当评论数量少时，负评比例越高，消费者风险感知和独特性感知越高；当评论数量多时，负评比例越高，风险感知越低，但独特性感知差异不明显。（3）产品类型调节了双面评论的数量和效价的交互作用对消费者风险感知和独特性感知的影响。

【关键词】双面评论　风险感知　独特性感知　产品属性　归因理论

中图分类号：F713.55　　　　　文献标志码：A

1. 引言

在线评论是消费者获取信息的主要来源（Kostyra et al.，2016），《中国青年报》的一项调查结果

* 基金项目：国家自然科学基金面上项目"企业平台化转型的战略创业路径研究"（项目批准号：71972001）；安徽省高校研究生科学研究一般项目"电商直播营销模式研究：作用机制、效果评估及提升路径"（项目批准号：YJS20210074）。

通讯作者：袁海霞，E-mail：yuanhaixia0418@126.com。

显示，90.6%的受访者将在线评论作为个人消费决策的重要参考①。在线评论是已购消费者在企业网站或第三方评论网站上发表的有关产品的评价信息（崔楠等，2014），可以帮助消费者了解商品质量和服务，提高产品销量，同时为卖家营销策略的调整提供重要指导（乔晓娇等，2021）。为此，各大网购平台不断采取措施改进、优化在线评论系统，使其呈现方式更加完善。许多网站不仅会展示评论数量、好评/差评率，还将评论区按照效价分为好评、中评、差评，以便帮助每个潜在消费者根据自身需要快速浏览到所需信息。在此评论机制下，越来越多用户注意到这种同时包含产品或服务正面和负面信息的双面评论，一方面可以为消费者购物决策的制定提供参考，但同时也将消费者带入了一个两难的境地：在不同的评论数量条件下，当同一产品或服务的评价不一致时消费者会如何决策？是正面评论推动购买，还是负面评论抑制消费行为出现？抑或是双面评论的多重属性共同主导消费行为？行为背后的机理又是什么？不同数量和效价组合下的双面评论在不同产品属性条件下又将如何影响消费者购买意愿？这些问题都值得深入思考。

然而现有关于双面评论的相关文献鲜有涉及双面评论的双重属性及其作用机理的研究，主要聚焦于双面评论的单一属性（效价或数量），不仅缺乏对现有电商平台双面评论本质属性的深入分析，也忽略了双面评论对象（如产品）的基本特征（属性等）的影响。因此，以往研究尚未形成一致结论且难以有效揭示双面评论对在线消费行为的影响。

故本文试图基于归因理论，从消费者感知的角度出发，采用实验法与二手数据相结合的研究形式，探索双面评论不同数量与效价组合下消费者感知及其对购买意愿的影响，揭示产品属性对双面评论的内在作用机制。本研究不仅丰富了双面评论数量与效价的双重属性对消费者感知影响机制的理论内涵，而且对指导网络购物平台和企业利用在线评论开展营销活动具有重要的现实意义。

2. 文献回顾

2.1 双面评论

在线评论是已购消费者在企业网站或第三方评论网站上发表的有关产品评价的信息（Mudambi & Schuff，2010）。在线评论可能同时包含正面和负面内容，即所谓的双面评论（陈春霞，2018）。与单面评论相比，双面评论往往包含关于产品的多种属性，既展示了产品的优点，也暴露了产品的不足，它能为消费者提供更加丰富的产品信息，增加评论有用性；同时双面评论从积极和消极两方面对产品进行深入剖析，能够为消费者提供权衡利弊的思路，减少消费者的对抗和质疑（Crowley & Hoyer，1994），提高在线评论的可信度和价值。

随着消费者对双面评论可信度的不断提升，越来越多的学者开始关注双面评论对消费者购买意

---

① 王品芝，黄冲.90.6%的受访者网上购物会先看商品评价［EB/OL］.https：//s.cyol.com/articles/2021-03/18/content_ DjwyAAf2.html，2021-03-15.

愿的影响，并从数量和效价两个方面进行了研究：第一，双面评论数量对消费者决策和行为的影响。多数研究认为双面评论数量多，意味着评论中包含的与产品相关的信息和产品的使用人数就越多，相应的影响力越大，越能推动消费者购买意愿和购买行为的出现（郝媛媛，2010；郑小平，2008）。但有少数学者认为评论数量越多，意味着个人利用在线评论辅助决策时，需要的认知资源就越多，个体在给定时间内理性处理将面临困难。当信息超过个人接受和处理的认知能力时，可能产生信息过载（Chien-Huang & Wu，2006），使消费者对产品或服务产生中立态度。同时部分学者认为个体需求有较强的独特性，而评论数量在一定程度上显示了产品的同质化，因此对期望与众不同的消费者来说，评论数量产生了负面影响（Khare et al.，2011）。

第二，与评论数量相比，部分学者认为评论效价信息更丰富，对消费者的影响也更直接（Kostyra et al.，2016），因此学术界对双面评论的关注从评论数量转向评论效价，即正负面评论比例的影响。Cheung 等（2008）研究发现在相同的情感信任水平下，不一致在线评论影响下的消费态度更积极；王军和周淑玲（2016）研究也发现消费者对矛盾性在线评论的有用性感知比一致性在线评论更强，更容易采纳这类评论。但王爽等（2012）认为这种信息不一致将导致消费者产生认知失调，难以保持积极的态度评价，如 Duan（2008）和龚诗阳等（2012）以电影和图书为研究对象，分析发现评论效价对电影票房和图书购买的影响并不显著。

此外，部分研究在综合考虑双面评论数量和效价两个属性的基础上，深入探究了两者的交互作用。如 Doh 和 Hwang（2009）研究发现，一条负评本身消极影响消费者感知，但当十条评论中有一条负评时反而对顾客选择意向存在正向影响；马博（2016）研究发现评论数量较少时，消费者对负面评论的感知较强，随着评论数量增加，消费者对负面评论的感知强度被稀释，消费者信任感知随之增加。然而关于这方面的研究仍然没有形成统一的结论，且大多并未深入探究内在影响机制。

综上，关于双面评论对消费者行为的影响，现有研究并未形成一致结论，本文认为造成分歧的原因可能有二：首先，忽略了双面评论对象（产品或服务）的基本特征，并未深度解析双面评论的内容。研究发现在消费者决策过程中，产品类型会影响人们对评价归因的倾向（胡常春和宁昌会，2017），忽略产品类型的影响可能无法准确反映消费者在使用双面评论信息进行个体决策时的归因倾向。其次，现有研究多从数量或效价的某一方面对双面评论下的消费行为进行研究，较少关注二者的交互影响。而在实际消费场景中，现有电商平台不仅展示了评论的数量，且对不同情感倾向的在线评论（效价）也有清晰的展示。在双面评论中，正面信息可以提高期望进而提升消费者态度；负面信息对消费者态度的影响有两个相互矛盾的方面——增强信息的可信度和消费者对产品的负面感知。消费者态度的形成是这两方面作用的权衡（张永建，2011），权衡的依据是双面评论中所含的负面信息比例（Crowley & Hoyer，1994）。因此，忽略双面评论中数量与效价的交互作用也难以获得一致结论。现有研究认为评论信息作为一种外部环境刺激因素，在一定程度上会引发消费者感知的变化，进而间接影响消费者的购买意愿（王建军等，2019），因此本文从消费者感知视角出发，在充分考虑产品属性的影响条件下，深入探讨双面评论数量、效价的交互作用对消费者购买意愿的影响。

2.2　消费者感知

消费者感知是消费者对信息进行选择、组织、阐释后，形成一个关于现实世界图景的过程，同时对信息处理也是进行行为解释和推理的过程（Heider，1975），即归因。归因理论认为消费者对信息进行因果推断通常存在两种可能，一是归因于产品功效等内在因素的刺激，二是归因于评论发表者特征、环境等外在因素的影响。如消费者在做出购买决策时，可能因为产品或服务的不确定性而放弃购买，即受产品功效因素影响；也可能为了塑造、提升自我概念与个人形象，通过对商品的消费和使用行为以期形成与其他个体的差异（Tian et al.，2001），即受外部环境影响。

个体决策是在对外界刺激的归因中逐渐形成的。现有学者基于归因理论从风险（不确定性）感知、独特性（个性化）感知两个角度对网络评论与在线消费行为之间的关系进行了研究。如黄敏学和王艺婷等（2018）认为产品属性评论的不一致性通过独特性感知和风险感知两条不同的路径影响消费者购买意愿；高茹月和王琦等（2020）研究发现口碑离散度会通过风险感知和个性化感知影响购买意愿。风险感知属于产品因素归因，指的是消费者在购买产品过程中对客观风险的心理感受和主观认识，是对因无法预料购买结果的优劣而产生的一种不确定性感觉；而独特性感知则受外部环境影响，是指在相同的产品类别中，消费者感知到的该产品区别于其他产品的程度（Tian et al.，2001）。独特性需求是大众普遍具有的消费心理（王艺婷，2018），消费者在购买产品时常常偏好与其他人区分开来，从而展现自己的独特性（Cheema & Kaikati，2010）。双面评论本质上也是一种信息，且内容丰富，消费者在进行购买决策时会对其数量和效价特征产生不同的感知，进而产生不同的归因。因此，本文将从消费者感知视角出发，从风险感知和独特性感知两个方面探析双面评论对消费者购买意愿的影响机制。

2.3　产品属性的调节作用

产品属性是指产品本身所固有的性质，是产品在不同领域差异性（不同于其他产品的性质）的集合。按照购买前个体对产品质量信息的感知程度（余伟萍等，2016），可将产品属性分为搜索型产品和体验型产品（Nelson，1970）。其中搜索型产品是指产品的主要属性能够通过可获得的相关信息来客观评估，消费者比较容易在购买前获取的，并能对产品间的差异进行比较的一类产品，如U盘、手机、相机等（刘华和李敬强，2020）；而体验型产品是指消费者只有在试用或购买后才能评价的产品，这些属性的评价往往依赖于个人体验和感受，大多为电影、酒店等娱乐产品（Nelson，1970）。消费者在购买决策制定过程中往往会根据自己对产品属性的评价及属性的重要性辅助决策（Mazis et al.，1975）。根据归因理论，当消费者感知到产品为搜索型时，一般会将此类评价内容归于产品本身，即内部归因，因为这些属性大多与产品质量相关且有明确的偏好标准；当消费者认为产品为体验型时，一般偏好将此类产品的属性评价归结到评论者个人因素，也就是外部归因，因为这些产品的性质比较主观且较难给出标准的评价，往往受到个人体验的影响。也就是说，消费者对产品属性的感知会导致不同的归因倾向，进而影响购买意愿。因此，本研究将引入产品属性的影响，探索其在双面评论与消费者感知中的调节作用。

3. 研究假设

3.1 双面评论数量与效价对消费者购买意愿的交互影响

以往的研究认为，在线评论的数量很大程度体现了推荐或知晓效应，而效价则很大程度体现了劝说效应（龚诗阳等，2012）。评论数量作为最直接也最容易获取到的信息，代表了产品的受关注和流行程度。数量越多，消费者就越容易受从众心理的影响合理化个人的购买决策（Buttle，1998），故大多数学者认为评论数量与消费者购买意愿显著正相关（刘俊清和汤定娜，2016）。关于负面评论所占比例对消费者购买决策的影响，以往的研究基本上认为负评比例的高低与消费者对产品的态度成反比，负评比例越高，消费者对产品印象越差，购买意愿就越低（陈睿，2015）。

根据可及性—诊断性理论，消费者在处理多个信息线索时，信息的影响力由可及性和诊断性共同决定。可及性是指信息或线索出现在头脑中的容易程度和速度，诊断性是指信息对决策者的有用性和相关性（李燕飞，2016）。消费者在做出购买决策时，更倾向于选择可及性高且诊断性高的信息（Park et al.，1994）。相对于效价，评论数量不仅易于获取，更加直观，而且处理难度低，可及性更高，所以消费者在做出购买决策时会首先考虑数量影响。但当评论数量很少时，由于可供参考的信息很少，不足以支撑购买决策，此时消费者不得不将注意力转移到评论内容特征尤其是评论效价上，以此获得更多更有用的信息来满足高诊断性的需求。就是说，当评论数量较少时，消费者对效价的感知大大增强了，此时，如果负面评论占比较高，受负面评论的消极劝说效应影响，消费者的购买意愿会显著降低；而随着评论数量增加，消费者仅从数量维度就可以获取到足够多诊断性高的信息，再加上对低难度信息的偏好，消费者会更加缺乏信息搜索和分析的动力，在一定程度上忽略评论效价的影响，此时，消费者对负评比例的感知强度就被稀释了。据此，提出假设：

H1：双面评论的评论数量和效价会交互影响消费者购买意愿。评论数量少时，效价对消费者购买意愿的影响显著增强，负面评论所占比例越高，消费者购买意愿就越低；评论数量多时，效价对消费者购买意愿影响则被削弱。

3.2 双面评论数量与效价对消费者感知的交互影响

在线评论被认为是探索消费者感知的有效工具（Alford & Engelland，2000；Bolton et al.，2003），多个研究从在线评论的数量和效价出发进行了深入研究。其中，评论数量给消费者留下的印象最为直观，直接展现了产品的受欢迎程度（Zhang et al.，2013）和顾客对产品的认可。消费者一般会将评论数量作为衡量产品是否受大众喜爱的关键信号和购买行为决策的首要参考标准（左文明等，2014）。忽略其他评论特征影响，一般来说评论数量越多，评论中涉及该产品的各种属性和特征的信息就越丰富，也越能够精确地揭示产品真实质量（Chen et al.，2004），辅助消费决策（孙春华和刘业政，2009），降低购后消费损失产生的不确定性，即风险感知。同时，评论数量多也说明这些产品已经被大量购买、体验和评价过（Zhang et al.，2010），体现了产品的流行性，也反映了该产品并不是一种稀缺资源，个体无法通过消费该产品建立特殊感，消费者个性表征需求受到冲击，独特性感知被削弱。即评论数量往往与风险感知和独特性感知负相关（杜学美等，2016）。

但与评论数量相比，部分学者认为评论的内容更为重要，个体对评论比例即效价的感知会更加敏感。仅考虑评论数量并不能很精确地反映出在线评论对消费者感知的准确影响。评论效价是消费者对产品和服务的一种情感倾向，可正可负。这种包含着正负面情感倾向的评论信息反映了产品质量，揭示了商品的优势和劣势，同时也传达了其他已购消费者对产品或服务的个人喜好和态度，可以为其他潜在消费者的决策制定提供参考，影响消费者对产品的感知。当评论中负面评论的比例较高，信息接收者就会认为导致这种评论的原因是商品本身存在问题，且这种问题不是偶然出现而是稳定存在的（陈睿，2015）。按照感知风险的定义，风险的大小取决于消费者在做出特定购买决定之前，主观所预感的损失可能性和损失大小。因此，负评比例越高，感知风险就越大；但对一部分消费者来说，产品没有得到消费者一致的好评和认同，看法不一可能会引起他们的好奇心和兴趣，认为是产品本身与众不同（黄敏学等，2016）。即使负面评论比例比较高，消费者也会将这部分负面评论归结到产品本身个性化或是评论者原因，认为产品是独特的，即负评比例高反而激发了消费者的独特性感知。因此，若不考虑其他因素影响，负评比例的高低一般与风险感知和独特性感知正相关。

归因理论认为，在对行为或事件的结果进行归因时，个体会综合所能观察到的各种信息进行准确推断（张安然等，2020）。应用于本文的研究情境，即消费者会综合双面评论中数量和效价这两个信息线索对消费者感知进行归因。当数量多少和负评比例高低（效价）两个因素单独所引起的个体认知一致时（评论数量少且负评比例高，评论数量多且负评比例低），消费者对信息的处理会很流畅，两者的交互作用不会产生矛盾，即评论数量少（多）且负评比例高（低）时，消费者的风险感知和独特性感知都比较高（低）；但是当数量和效价两个因素单独所引起的个体认知不一致时（评论数量多且负评比例高，评论数量少且负评比例低），就会对消费者感知产生更为复杂的影响。一方面，要想有效避免购买损失，降低购买过程中的风险感知，就需要获得更多更有效的信息。一般来说，人们在信息加工中会更多地依赖直觉，偏爱处理难度低的信息，因此评论数量作为直观信息来源一般会对消费者产生最直接的影响（杨丽雪，2016）。但是当产生认知不一致时，消费者因为无法进行准确的归因，会投入更多的理性认知对信息进行处理（张安然等，2020），此时，消费者会将注意力更多地投入评论内容尤其是效价特征以此获得更多信息，也就是说，虽然评论数量也能在一定程度上降低风险，但当认知出现不一致时，对消费者风险感知的影响还是要看评论效价。另一方面，从非流行性选择这个维度对消费者独特性感知进行衡量，独特性需求高的消费者一般会选择有悖于群体规范的产品或品牌（Simonson & Nowlis，2000），他们基本上不会考虑风险，往往会购买那些其他人不会购买的产品，而判断他人是否购买主要还是依据评论数量，负面评论对于他们的影响并没有那么显著。即当评论数量较多时，负面评论所占比例高所引起的不一致会使风险感知依然高于负评所占比例低的情况，但此时负评比例的高低对独特性感知则无显著差异。据此，提出假设：

H2：双面评论中评论数量和效价会交互影响消费者感知。

H2a：当评论数量少，负面评论所占比例越高，消费者的风险感知越高；当评论数量多，负面评论所占比例越低，消费者的风险感知越低。

H2b：当评论数量少，负面评论所占比例越高，消费者的独特性感知越高；当评论数量多，负面评论所占比例的高低对消费者独特性感知的影响无显著差异。

3.3 消费者感知对购买意愿的影响

购买意愿是消费者选择某产品或品牌的主观性倾向。产品自身的价值、质量特性、使用特性等内部线索和外部环境等情境因素共同决定消费者对产品或服务的态度倾向，并最终影响其购买意愿（马博，2016）。当消费者在购买前感知到的内部线索具有不确定性或不能够满足其预期要求时，消费者态度就比较差，购买意愿也较低；而当消费者受到外部环境的影响，具有较高的独特性需求，希望通过对商品的消费和使用来产生与其他个体的差异（Tian et al.，2001）时，对产品独特性的感知就能满足其心中对特定属性的渴望和诉求，进而引起共鸣。根据市场共鸣理论，在超差异化市场条件下，异质性越高，就越能引起消费者对产品的吻合，吻合度越高，购买意向就越高（黄敏学等，2015）。也就是说，消费者对产品的风险感知和独特性感知均构成购买意愿的前因。其中，由产品自身属性引发的风险感知是消费者采取购买行动最主要的动机所在，并直接影响着消费者购买意愿，风险感知越高，购买意愿就越低；而受外界因素影响，出于通过产品提升社会形象的目的而引发的独特性感知同样是影响消费者态度的重要原因，且与购买意愿正相关，独特性感知越强，购买意愿就越高。据此，提出假设：

H3a：消费者风险感知负向影响其购买意愿。即消费者风险感知越高，对产品的购买意愿越不强烈。

H3b：消费者独特性感知正向影响其购买意愿。即消费者独特性感知越高，对产品的购买意愿越强烈。

3.4 产品属性的调节作用

如前所述，消费者会对双面评论产生两种不同的感知，并通过这两种感知辅助做出购物决策。但就产品本身而言，不同的产品属性对应的评论内容和情感倾向差异很大（Abbasi et al.，2008），消费者在购买商品之前对搜索型产品与体验型产品的信息需求也有很大不同（Adaval，2001），不同类型的产品可能需要不同的信息用于判断产品或服务的质量，这种现象会导致消费者决策过程中的差异化信息处理方式（赵敏，2019），进而产生不同强弱程度的消费者感知。

对于搜索型产品来说，消费者往往更加关注评论中关于产品的详细信息（Jiménez & Mendoza，2013），仅仅凭借数量特征并不能很好地帮助消费者进行决策，消费者需要通过效价中的丰富内容获得对产品更进一步的了解；同时，搜索型产品的评论大多与产品功能层面相关，这些关于质量等属性的评论基本有统一的标准和固定的参数，可靠性较强。因此，效价是消费者对搜索型产品购买决策制定的重要参考。对于体验性产品，情况则相反，其评论内容多涉及的是个人体验，主观性强（赵丽娜和韩冬梅，2015）且标准化程度低（Jiménez & Mendoza，2013），个体会认为效价的差异是由消费偏好差异、评判标准不同造成的，评论有用性和可信度大大降低，此时消费者会从追求信息的深度转向信息的广度，通过评论数量来衡量产品的受欢迎程度和用户认可度（Huang et al., 2009）。

通过双面评论中评论数量和效价的交互作用对消费者感知的影响讨论可知，当二者对消费者感知产生的正向（负向）影响一致时，评论数量和效价都会对风险感知和独特性感知产生影响，但当这两个方面的影响造成消费者认知不一致时，对风险感知的影响主要依靠评论效价，对独特性感知的影响则看评论数量。而在搜索型产品中，评论效价的影响会被进一步放大，数量的影响相对弱化，因此，与评论效价有关的风险感知的大小也会相应地增加或者减少，而与评论数量相关的独特性感知则没有明显的变化；反之，在体验型产品中，效价的影响不再突出，数量的作用反而大六增强了，此时，风险感知在原有的基础上不会有显著的改变，独特性感知则有了明显的增加或者减少。所以，有理由推断：

H4：双面评论数量与效价的交互作用对消费者风险感知和独特性感知的影响受到产品属性的调节作用。

H4a：与体验型产品相比，搜索型产品双面评论的数量和效价的交互作用对消费者风险感知的正向影响更强。

H4b：与搜索型产品相比，体验型产品双面评论的数量和效价的交互作用对消费者独特性感知的正向影响更强。

根据上述假设，本文构建了如图 1 所示的理论框架模型。

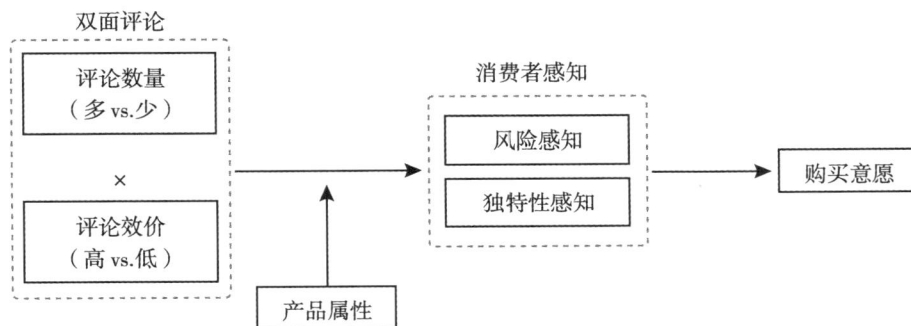

图 1 理论模型

4. 研究设计

4.1 研究一：双面评论对购买意愿影响的主效应检验

本研究的目的是通过情景实验的方法，检验双面评论对消费者购买意愿影响的主效应。为了验证假设 H1，实验一采用 2（负评比例：高/低）×2（评论数量：多/少）的组间实验设计。

4.1.1 实验设计与数据收集

（1）实验设计和被试。本次实验选取了 248 名安徽省某高校的大学生参加，因有 8 名被试未完成实验内容，最终有效被试为 240 名，平均分配到四个实验情境中，其中男性占 39.2%，女性占 60.8%。此外，被试月可支配收入绝大部分在 3000 元以内，95.9% 的学生最近 30 天的网购次数在 2 次以上且在购买前均会查看评论。该结果表明在线评论已经成为消费者网购的重要参考，也为后续实验的设计奠定了基础。

（2）刺激物设计。借鉴已有研究（方佳明等，2016），将本次实验的刺激物确定为 U 盘。本文之所以选择 U 盘，主要是因为 U 盘价格相对低廉，同类型各品牌产品价格差异不大，全年销量稳定，几乎不受时间影响，且大学生都有购买和使用经历，研究结果更具普适性。此外为避免品牌因素的干扰，在实验过程中隐去了品牌信息。

（3）变量操纵。首先，对于评论数量，本文在 Chen（2004）研究的基础上，对在某购物网站上拟采用的实验对象的评论数量进行了计算，在综合考察均值和方差的基础上进行了取整，将评论数量设置为 5000、500 两个水平。

其次，对于负评比例，本文在结合 Sun 等（2009）和陈春霞等（2018）的研究后，将负评比例高、低设置为 4：6 和 1：9 两个水平。结合真实消费场景，消费者不可能逐条阅读每一条评论。所以，为了确定进行情景实验时，向消费者展示多少条评论最合适，本研究还直接参考了已有的相关调查和文章，在调查过程中发现，消费者在购买过程中平均参考的在线评论数量一般在 10~12 条。以往学者在对在线评论进行研究的时候，也发现消费者大概阅读 10 条左右在线评论（Doh & Hwang，2009）。因此，本实验将对被试展示 10 条在线评论的具体内容，在负面评论比例较高的情景下，负面评论的数量设定为 4 条，并处于 4~7 条的位置；而负面评论比例较低的情境下设定为 1 条，并处于第 5 条的位置（张洁梅和孔维铮，2021）。针对具体评论的内容，本研究则参考 Chen 和 Xie（2008）对在线评论的操纵方法，选取在线平台上一条典型的正面评论，再根据实验操控的需要，将评论中的正面形容词进行反义转换，尽量排除语言风格、文字数量等因素的干扰。

（4）实验流程。所有被试不知实验目的，实验过程如下：

①任务描述。被试者被引导完成假设的 U 盘在线购买任务。

②将被试随机分配到四个情境组中，向被试展示 U 盘的基本信息、在线评论的总数量、前十条在线评论的具体内容对被试进行刺激。本实验选用的评论材料均为网站真实评论改编。

③请被试回答阅读的评论信息中正负面评论的数量，作为问卷有效性筛选的重要依据。

④对评论数量、正负面评论比例感知、购买意愿（Dodds et al.，1991）量表进行测量，所有题项均采用 Likert 7 级量表。

⑤实验结束。被试填写个人基本信息，收回问卷。

4.1.2 数据分析

（1）操控检验。独立样本 t 检验结果表明，被试对负面评论比例（$M_{高负评}$ = 3.27，SD = 1.11，$M_{低负评}$ = 5.01，SD = 0.54；t = − 15.544，$p < 0.001$）和评论数量感知（$M_{数量多}$ = 4.64，SD = 0.77，

$M_{数量少} = 3.64$，$SD = 1.39$；$t = 6.872$，$p < 0.001$）的组间差异显著，操控成功。

（2）信效度检验。本文所采用的量表均为成熟量表，具有较好的内容效度。消费者购买意愿的 Cronbach's α 值均大于 0.7，且删除任一题项均不能显著提升，该量表具有很高的内部一致性，复合信度（CR）为 0.901，因子载荷均高于 0.5，聚合效度较好。

（3）假设检验。方差分析结果显示评论数量与负评比例对消费者购买意愿影响的主效应（$M_{数量多} = 4.64$，$M_{数量少} = 3.64$，F（1，238）$= 140.81$，$p < 0.001$；$M_{高负评} = 3.27$，$M_{低负评} = 5.01$，F（1，238）$= 428.45$，$p < 0.001$）与交互作用（F（1，238）$= 45.217$，$p < 0.001$）显著。进一步分析发现，当评论数量较少时，负评比例越高，消费者购买意愿越低（$M_{高负评} = 2.48$，$M_{低负评} = 4.79$，t（90）$= -16.196$，$p < 0.001$）。而当数量较多时，负评比例越高，消费者购买意愿依然越低（$M_{高负评} = 4.05$，$M_{低负评} = 5.23$，t（118）$= -13.129$，$p < 0.001$）。但与评论数量较低的情景相比，消费者购买意愿均得到一定程度的提升（$M_{数量少,低负评} = 4.79$，$M_{数量多,低负评} = 5.23$，t（118）$= 4.750$，$p < 0.001$；$M_{数量少,高负评} = 2.48$，$M_{数量多,高负评} = 4.05$，t（89）$= 11.055$，$p < 0.001$）。假设 H1 成立。

4.1.3 结果讨论

通过研究一发现双面评论双重特征对消费者购买意愿有显著的影响。但研究一中的消费情景采用的是虚拟场景，而非真实场景。因此，研究二将对真实情境下消费行为决策进行研究，进一步验证研究一的结论。

4.2 研究二：基于二手数据的主效应稳健性检验

为了提升研究一外部效度，通过采集淘宝平台和 "去哪儿" 网的产品在线评价与销售数据，对研究一的结果再次验证，以提高研究结论的说服力。

4.2.1 研究设计与数据收集

依然将 U 盘作为研究对象，采用 Python 对淘宝电脑网页版数据进行随机抓取，以金士顿 U 盘为关键词进行搜索，截取了前 100 页屏幕显示的信息，爬取的具体内容包括评论数量、好评数量、销量排名等信息。在此基础上对抓取的数据进行清洗，剔除掉部分没有评论及只有少数评分的店铺、重异常值，最终确定了 971 家店铺的评论数据。同时为进一步验证研究结论对其他类型产品的适用性，还爬取了 "去哪儿" 网酒店的在线评论和销量排名信息，采集范围为合肥市所有的经济型酒店。之所以这样选择是因为经济型酒店受众较广，与之对应的顾客更加追求与价格对等的服务和体验，而评论正是他们获取和反馈信息的最佳途径。同样对数据进行清洗处理，最终获得了 930 家酒店的评论数据。在采集数据的过程中，本研究尽可能筛选相同价格区间的产品以此降低价格因素对结果的干扰，同时由于信息均为动态数据，我们将相关数据采集工作集中到 2021 年 9 月 18 日 0：00 至 24：00 一天完成，且确认当天该商品无任何促销活动影响销量。在数据的处理方面本研究借鉴袁海霞（2015），根据销量排名的相反数编码得到购买意愿的代理变量；因为销量排名是产品销量的一个重要维度，而产品销量越高代表购买意愿越强。同时由于二手数据评论数量较大的特征，本文还对评论数量和销量排名进行了取对数处理，并基于评论数量和负评比例的中位数对样本进行了分组。

4.2.2 数据分析

同实验一，我们将双面评论数量和效价作为自变量，标准化后的销量排名作为因变量进行检验。首先，对淘宝平台 U 盘样本数据的分析结果显示，评论数量正向影响购买意愿（$\beta = 0.257$，$p < 0.001$），负评比例负向影响购买意愿（$\beta = -8.014$，$p < 0.001$），数量与效价对消费者购买意愿影响的交互作用显著（$F(1, 967) = 22.346$，$p < 0.001$）。进一步分析发现，当评论数量较少时，负评比例越高，购买意愿越低（$M_{高负评} = -7.08$，$M_{低负评} = -5.45$，$t(186) = -32.475$，$p < 0.001$）；当数量较多时，负评比例高低对购买意愿的影响仍有显著差异（$M_{高负评} = -6.16$，$M_{低负评} = -4.98$，$t(380) = -18.286$，$p < 0.001$），但与评论数量较少的情景相比，两者差距明显减少（$M_{数量少,低负评} = -5.45$，$M_{数量多,低负评} = -4.94$，$t(469) = 5.988$，$p < 0.001$；$M_{数量少,高负评} = -7.08$，$M_{数量多,高负评} = -6.16$，$t(310) = 36.655$，$p < 0.001$）。其次，基于"去哪儿"网酒店样本的分析结果发现，评论数量正向影响购买意愿（$\beta = 0.001$，$p < 0.001$）；负评比例负向影响购买意愿（$\beta = -7.094$，$p < 0.001$）。同时进一步的分析结果表明，当评论数量较少时，负评所占比例越低，消费者购买意愿就越高（$M_{低负评} = -5.54$，$M_{高负评} = -6.88$，$t(156) = -18.751$，$p < 0.001$）；当评论数量较多时，负评比例高低对购买意愿的影响仍有显著差异（$M_{低负评} = -5.05$，$M_{高负评} = -6.03$，$t(408) = -16.642$，$p < 0.001$），但与评论数量较少的情景相比，两者差距明显减少（$M_{数量少,低负评} = -5.54$，$M_{数量多,低负评} = -5.05$，$t(333) = 5.490$，$p < 0.001$；$M_{数量少,高负评} = -6.87$，$M_{数量多,高负评} = -6.05$，$t(198) = 38.298$，$p < 0.001$）。由此可见，无论搜索型产品还是体验型产品，假设 H1 均成立。

回归分析结果见表 1。

表 1　　　　　　　　　　　　　　　　　回归分析结果

	搜索型	体验型
	Model 1	Model 2
评论数量	0.136***	0.001***
负评比例	-6.420***	-6.332***
R^2	0.807	0.803
Adj-R^2	0.807	0.803
F 值	2027.925	1890.044
D-W 值	0.870	0.889

注：*** 表示 0.001 的显著水平，** 表示 0.01 的显著水平，* 表示 0.05 的显著水平。

4.2.3 结果讨论

以搜索型产品和体验型产品的真实评论数据为研究对象进行研究，进一步支持了假设 H1 且提供了更加稳健的证据，并发现产品的类型不会改变双面评论的双重交互特征对在线购买行为的影响。然而，这种交互效应存在的内在机制是什么？为什么双面评论数量与效价之间的匹配会带来更高的购买意愿？为了进一步探究其作用机制，研究三将从消费者感知视角开展研究。

4.3 研究三：双面评论对购买意愿的作用路径探究

实验的目的是检验假设 H2 和 H3，即深入探究双面评论对购买意愿的作用路径，依次检验双面评论特征对消费者感知的影响及消费者感知对购买意愿的影响。

4.3.1 实验设计

本实验依然利用实验一的材料，采用 2（负评比例：高/低）×2（评论数量：多/少）的双因素两水平组间实验设计，因变量为购买意愿。本实验过程与实验一相似，唯一不同的是实验流程④需要所有的被试完成对风险感知和独特性感知的测量。其中独特性感知参考 Tian 等（2001）的成熟量表，风险感知参考詹志方、王辉（2009）以及张玉星（2019）的成熟量表。

4.3.2 数据分析

（1）信效度检验。风险感知和独特性感知的量表均为成熟量表，具有较好的内容效度，其 Cronbach's α 值分别为 0.931、0.720，内部一致性较高，复合信度（CR）分别为 0.931、0.736，高于 0.7，因子载荷均高于 0.5，聚合效度较好。

（2）假设检验。双面评论对消费者感知的影响：方差分析（ANOVA）显示，首先，双面评论数量与效价对消费者感知影响的主效应显著。其中评论数量负向影响消费者独特性感知（$M_{\text{数量多}}$ = 3.61，$M_{\text{数量少}}$ = 4.67，$F_{(1, 236)}$ = 122.29，$p < 0.001$）和消费者风险感知（$M_{\text{数量多}}$ = 3.75，$M_{\text{数量少}}$ = 4.34，$F_{(1, 236)}$ = 19.68，$p < 0.001$）；负评比例正向影响消费者独特性感知（$M_{\text{高负评}}$ = 4.35，$M_{\text{低负评}}$ = 3.93，$F_{(1, 236)}$ = 10.94，$p < 0.001$）和消费者风险感知（$M_{\text{高负评}}$ = 5.35，$M_{\text{低负评}}$ = 2.56，$F_{(1, 236)}$ = 107.84，$p < 0.001$）。其次，如表 2 和图 2 所示，双面评论数量与效价对消费者风险感知影响的交互作用显著（$F_{(1, 236)}$ = 4.05，$p < 0.05$）。进一步，独立样本 t 检验的结果显示，当数量较少时，负评比例高低对风险感知的影响有显著差异（$M_{\text{高负评}}$ = 5.57，$M_{\text{低负评}}$ = 2.93，$t_{(118)}$ = 25.406，$p < 0.001$）；而当数量较多时，负评比例高低对风险感知的影响也有显著差异（$M_{\text{高负评}}$ = 5.13，$M_{\text{低负评}}$ = 2.18，$t_{(109)}$ = 26.871，$p < 0.001$）。最后，如表 2 和图 3 所示，双面评论数量与效价对消费者独特性感知影响的交互作用显著（$F_{(1, 236)}$ = 29.51，$p < 0.001$）。进一步，独立样本 t 检验的结果显示，当数量较少时，负评比例高低对独特性感知的影响有显著差异（$M_{\text{高负评}}$ = 5.15，$M_{\text{低负评}}$ = 4.19，$t_{(118)}$ = 6.659，$p < 0.001$）；而当数量较多时，负评比例高低对消费者独特性感知影响的区别并不显著（$M_{\text{高负评}}$ = 3.65，$M_{\text{低负评}}$ = 3.56，$t_{(118)}$ = 0.741，$p = 0.46$）。假设 H2、H2a 和 H2b 成立。

表 2   **双面评论数量 A 和效价 B 对消费者感知的影响**

消费者感知	数量少		t	Sig	数量多		t	Sig	F (A * B)	Sig (A * B)
	负评比例高（$n=60$）	负评比例低（$n=60$）			负评比例高（$n=60$）	负评比例低（$n=60$）				
	均值	均值			均值	均值				
风险感知	5.57	2.93	25.406	0.000	5.13	2.18	26.871	0.000	4.052	0.045
独特性感知	5.15	4.19	6.659	0.000	3.65	3.56	0.741	0.460	29.505	0.000

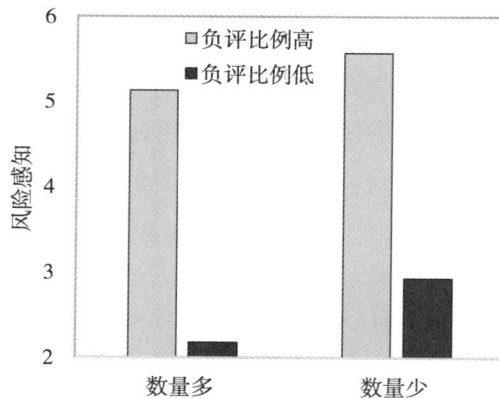

图 2　双面评论数量和效价对消费者风险感知的交互影响

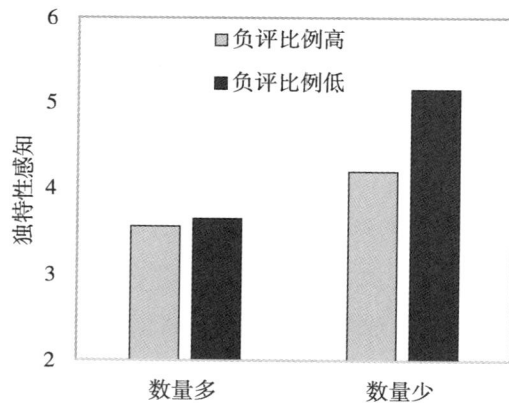

图 3　双面评论数量和效价对消费者独特性感知的交互影响

消费者感知对购买意愿的影响：本文用 SPSS 中的回归分析检验消费者感知对消费者购买意愿的影响。消费者风险感知会显著负向影响其购买意愿，标准化回归系数为 -0.83（$p < 0.001$，$R^2 = 0.68$，$F = 511.99$）；消费者独特性感知则会显著正向影响其对产品的购买意愿，标准化回归系数为 0.33（$p < 0.001$，$R^2 = 0.10$，$F = 28.42$）。所以，假设 H3a 和 H3b 成立。

4.4 研究四：产品类型的调节作用

本实验的目的是检验假设 H4，即产品属性在研究中的调节作用。本实验采用 2（负评比例：高/低）×2（评论数量：多/少）×2（产品属性：搜索型/体验型）的组间实验设计。

4.4.1 研究设计与数据收集

研究四与研究一类似，唯一不同的是增加了以酒店为代表的体验型产品。同时为排除被试对酒店和 U 盘的熟悉度和偏好影响，仍采用虚拟品牌开展实验。本研究召集了 484 名安徽省某高校大学生参加实验。其中每组被试 61 名，剔除不完整填答等无效样本，最终得到有效样本 480 份，其中男性占比 44.6%，女性占比 55.4%，随机被分配到 8 种实验情境中。为了避免参与者对刺激物的感知差异而导致对搜索品和体验品的选取不当，本研究对实验刺激物的选择进行了预测试。正式实验前，本研究对 40 名大学本科在校生（16 名男性，24 名女性）进行访谈。基于受访者对搜索品和体验品概念的充分理解，本研究最终确定将 U 盘作为搜索品、酒店作为体验品进行实验的合理性分析。

4.4.2 数据分析

首先，对于风险感知来说，方差分析结果显示，评论数量、负评比例与产品属性交互作用显著（$F_{(1, 479)} = 14.953$，$p < 0.001$）。如图 4 所示，对于搜索型产品，评论数量与负评比例的交互作用显著（$F_{(1, 239)} = 4.05$，$p < 0.05$）。具体来说，当数量较少时，负评比例越高，消费者风险感知越高（$M_{高负评} = 5.57$，$M_{低负评} = 2.93$，$t_{(118)} = 25.406$，$p < 0.001$）；当数量较多时，负评比例越低引起的消费者风险感知也更低（$M_{低负评} = 2.18$，$M_{高负评} = 5.13$，$t_{(109)} = 26.871$，$p < 0.001$）；对于体验型产品，数量与效价的交互作用依然显著（$F_{(1, 239)} = 12.61$，$p < 0.001$）。当评论数量少时，负评比例越高，风险感知同样越高（$M_{高负评} = 4.43$，$M_{低负评} = 1.96$，$t_{(118)} = 26.694$，$p < 0.001$）；当评论数量多时，负评比例越低，风险感知也同样越低（$M_{低负评} = 2.23$，$M_{高负评} = 4.23$，$t_{(83)} = 20.359$，$p < 0.001$），假设 H2a 再次得到验证。进一步，虽无论数量多少，负评比例越高，风险感知也就越高，但当产品为搜索型时，消费者对风险的感知相对于体验型基本均有显著增强（$M_{体验型,数量少,高负评} = 4.43$，$M_{搜索型,数量少,高负评} = 5.57$，$t_{(118)} = 11.700$，$p < 0.001$；$M_{体验型,数量多,高负评} = 4.23$，$M_{搜索型,数量多,高负评} = 5.13$，$t_{(84)} = 9.238$，$p < 0.001$；$M_{体验型,数量少,低负评} = 1.96$，$M_{搜索型,数量少,低负评} = 2.93$，$t_{(106)} = 9.654$，$p < 0.001$；$M_{体验型,数量多,低负评} = 2.23$，$M_{搜索型,数量多,低负评} = 1.18$，$t_{(118)} = -0.454$，$p = 0.651$），即假设 H4a 得证。

其次，对于独特性感知来说，方差分析结果显示，评论数量、负评比例与产品类型交互作用显著（$F_{(1, 479)} = 27.813$，$p < 0.001$）。如图 5 所示，对于搜索型产品，评论数量与负评比例的交互作用显著（$F_{(1, 239)} = 19.681$，$p < 0.001$）。具体来说，当数量较少时，负评比例起高，消费者独特性感知越高（$M_{高负评} = 5.15$，$M_{低负评} = 4.19$，$t_{(118)} = 6.659$，$p < 0.001$）；而数量较多时，负评比例高和低对消费者独特性感知影响的区别并不显著（$M_{低负评} = 3.65$，$M_{高负评} = 3.56$，$t_{(118)} = 0.741$，$p = 0.46$）；对于体验型产品，数量与效价的交互作用依然显著（$F_{(1, 236)} = 12.61$，$p <$

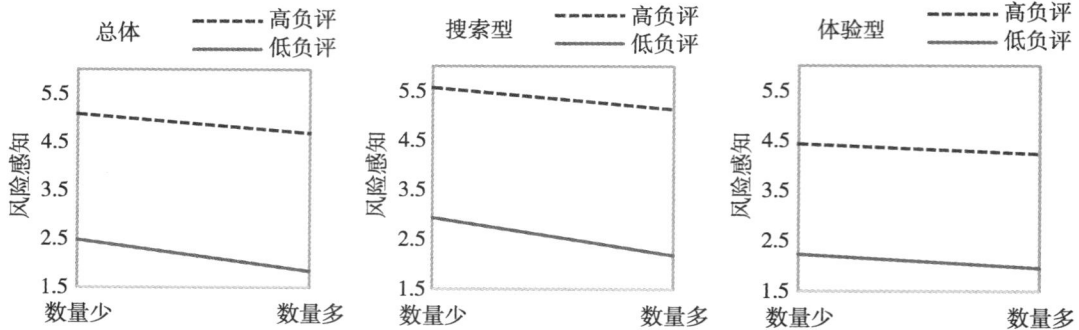

图 4 双面评论数量与效价对消费者风险感知的影响

0.001）。当评论数量少时，负评比例越高，独特性感知同样越高（$M_{高负评}=5.53$，$M_{低负评}=5.21$，$t（111.669）=4.150$，$p<0.001$）；当评论数量多时，负评比例越低，独特性感知也同样越低（$M_{低负评}=3.51$，$M_{高负评}=4.16$，$t（118）=7.132$，$p<0.001$），假设 H2b 部分成立，即双面评论数量和效价的交互作用对独特性感知的影响在不同的产品类型中存在差异，同时也暗示了对产品类型的调节作用做进一步分析的必要性。为此，对实验数据进行进一步分析，结果显示，虽然无论数量多少，负评比例越高，独特性感知也就越高，但当产品为搜索型时，消费者对独特性的感知相对于体验型基本均有显著增强（$M_{体验型,数量少,高负评}=5.53$，$M_{搜索型,数量少,高负评}=5.15$，$t（96.534）=-3.282$，$p<0.001$；$M_{体验型,数量多,高负评}=4.16$，$M_{搜索型,数量多,高负评}=3.65$，$t（110.941）=-4.573$，$p<0.001$；$M_{体验型,数量少,低负评}=5.21$，$M_{搜索型,数量少,低负评}=4.19$，$t（83.258）=-9.082$，$p<0.001$；$M_{体验型,数量多,低负评}=3.51$，$M_{搜索型,数量多,低负评}=3.55$，$t（102.121）=-0.477$，$p=0.634$），即假设 H4b 得证。

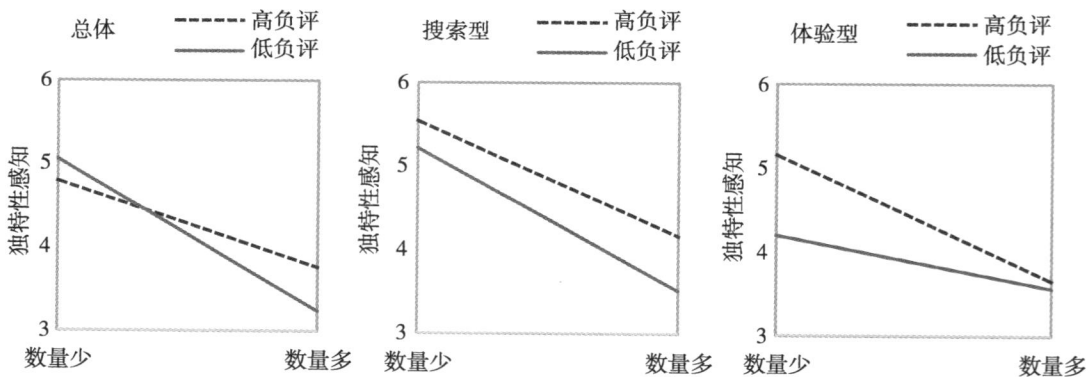

图 5 双面评论数量与效价对消费者独特性感知的影响

4.4.3 结果讨论

实验三再次验证了实验一的结果，同时验证了产品属性的调节作用，即搜索型和体验型产品这两种不同的属性会调节数量和效价对消费者感知的影响作用，假设 H4a 和 H4b 得证。

5. 结论与讨论

5.1　研究结论

本文基于归因理论和可及性—诊断性理论，通过情境模拟实验和二手数据，重点探究了双面评论数量和效价对消费者感知的交互影响，以及消费者感知对消费者购买意愿的不同影响，并且验证了产品属性起到的重要调节作用。主要的结论有：

第一，双面评论中评论数量和效价会交互影响消费者购买意愿。评论数量少时，效价对消费者购买意愿的影响被显著加强，负评所占比例越高，消费者购买意愿就越低；评论数量多时，效价对消费者购买意愿影响则被削弱。

第二，双面评论中评论数量和效价会交互影响消费者感知。当评论数量少时，负面评论所占比例越高，消费者的风险感知越高；当评论数量多时，负面评论所占比例越低，消费者的风险感知越低；当评论数量少时，负面评论所占比例越高，消费者的独特性感知越高；当评论数量多时，负面评论所占比例的高低对消费者的独特性感知的影响无显著差异。

第三，消费者风险感知会负向影响其购买意愿，即风险感知越大，购买意愿越小；消费者独特性感知会正向影响其购买意愿，即独特性感知越大，购买意愿越大。

第四，产品属性调节双面评论对消费者风险感知和独特性感知的影响。与搜索型产品相比，当产品为体验型时，双面评论中评论数量和效价的交互作用对消费者独特性感知的正向影响均有显著的增强；与体验型产品相比，当产品为搜索型时，双面评论中评论数量和效价的交互作用对消费者风险感知的正向影响均有显著的增强。

5.2　理论贡献

（1）本文聚焦于双面评论的双重属性这一视角，进一步拓展了在线消费场景下口碑营销的研究范围。与先前研究多关注单一双面评论属性的营销效果相比，本文通过探讨双面评论数量和效价的双重属性的交互作用及其影响机制，拓展了双面评论的研究范围。本文根据双面评论信息属性表现不同，从消费者感知视角分析了不同双面评论场景下消费者购买意愿的形成机理，克服了现有研究仅关注一种属性的局限，提高了消费者购买意愿影响因素分析的系统性，也为解决现有研究存在的矛盾提供了新思路。

（2）从双面评论的内容对象出发，探究了双面评论对消费者感知影响的边界条件。本文以产品属性为切入点，认为对不同类型的产品而言，消费者归因的不同带来了不同情境下双面评论影响结果的不同，进一步揭示了双面评论营销效果研究结论不一致的原因。

（3）本文探讨了双面评论中数量与效价的交互作用，发现了双面评论与产品属性影响消费者购买意愿的内在机制——风险感知和独特性感知，深化了对消费者面对不同在线评论情境下动机过程的理解。以往研究大多认为数量负向影响风险感知和独特性感知，效价则刚好相反。但不同的评论数量与效价的组合下消费者会产生不同的感知。因此，本研究基于归因理论，揭示了消费者在面对不同数量和效价组合评论时的感知差异及其对购买意愿产生的影响。

5.3 实践意义

本文的研究结论也带来了很多有价值的营销启示，可以帮助企业的管理者、网购平台的运营人员从更多的角度来思考双面评论对消费者购买意愿带来的不同的影响。

首先，以往的研究证明了负评对购买意愿有非常大的消极影响，但是，在不同的评论数量下，效价对购买意愿的影响有所不同。在评论数量较少时，负评比例高低对购买意愿的影响差异显著，因此，商家应当在初期积极做好评价管理，采取各种措施提高好评率，从而树立起好的口碑，形成良性循环。

其次，针对双面评论中数量与效价产生的交互影响，企业管理者需采用更为合理有效的商品属性评分呈现方式。比如，对于体验型产品来说，消费者会有更多的容忍度，甚至将其看作有争议和表现个人独特性选择的依据，此时负评反倒会起促进作用，少量评价也可能吸引更多人的兴趣，比如上映初期出现电影恶评或是仅有少数评论有时候反而能引起更多人的关注和观看；而对于搜索型产品来说，负评的作用可能被进一步放大。所以，企业或平台应当充分利用产品属性的影响，针对体验型商品，激发消费者独特性感知；针对搜索型产品，则更多关注实用属性信息，使消费者充分了解商品的功能特性。同时，还应该密切注意消费者的购买偏好，利用产品属性类型来优化其生产及质量管理的过程，对消费者进行积极的引导，提高消费者的喜爱度。

5.4 局限性与未来研究展望

尽管本研究通过对双面评论、消费者感知、产品属性与购买意愿关系的研究得到了一些有意思的结论，但不可避免仍存在一些局限。

首先，为了提升实验设计的内部有效性，研究中采用了虚拟品牌，这可能会威胁实验的外部效度。因此，在未来的研究中，应通过实验操纵来对比分析虚拟品牌和真实品牌的影响效果，以期提供更为科学严谨的研究结论。

其次，本研究的样本主要来自高校学生，在一定程度上限制了研究结论的推广性。未来研究可以从不同年龄层、不同职业、不同社会阶层及不同价值观的群体中进行抽样检验，以提高结论的普适性。

最后，本文虽然将产品属性引入双面评论对购买意愿的作用机制中，但还有很多其他因素如品牌和性别等未被纳入。对于品牌知名度较高的商品，消费者更可能把负面评论归因于评论者因素，而不是产品自身；男女生对于不同产品的消费心理也会有部分差异，男生在消费时可能不会考虑太多外部因素，消费者感知相对来说可能不会这么强烈。因此，在未来的研究中将纳入更多的因素，以验证研究结论的普适性。

◎ 参考文献

[1] 陈春霞．双面评论对消费者购买意愿的影响研究 [D]．广州：暨南大学，2018．

[2] 陈睿．负面在线评论比例对顾客购买意愿的影响 [D]．南京：南京大学，2007．

[3] 崔楠，张建，王菊卿．不仅仅是评分——在线评论文本内容对评论有效性影响研究 [J]．珞珈管理评论，2014（1）．

[4] 杜学美，丁璟妤，谢志鸿，等．在线评论对消费者购买意愿的影响研究 [J]．管理评论，2016，28（3）．

[5] 方佳明，王钰莹，赵志荣．不同产品品牌声誉对在线评论有用性影响因素的调节效应 [J]．软科学，2016，30（3）．

[6] 高茹月，王琦，张晓航，等．多维评分系统下口碑离散度对消费者购买意愿的影响 [J]．管理评论，2020，32（6）．

[7] 龚诗阳，刘霞，刘洋，等．网络口碑决定产品命运吗？——对线上图书评论的实证分析 [J]．南开管理评论，2012，15（4）．

[8] 郝媛媛．在线评论对消费者感知与购买行为影响的实证研究 [D]．哈尔滨：哈尔滨工业大学，2010．

[9] 胡常春，宁昌会．在线追评何时比初评更有用？——基于时间间隔和产品类型的调节效应分析 [J]．预测，2017，36（4）．

[10] 黄敏学，李萍，王艺婷．新产品评论不一致一定是坏事吗？——基于社会价值视角 [J]．营销科学学报，2016，12（3）．

[11] 黄敏学，王贝贝，廖俊云．消费者评论中偏好差异性对销量的影响机制研究 [J]．营销科学学报，2015，11（3）．

[12] 李燕飞．在线评论对消费者满意度及商品销量的影响研究 [D]．广州：广东工业大学，2016．

[13] 刘华，李敬强．体验型产品在线评论与消费意愿及销量的关系——以价格为调节变量 [J]．中国流通经济，2020，34（2）．

[14] 刘俊清，汤定娜．在线评论、顾客信任与消费者购买意愿关系研究 [J]．价格理论与实践，2016（12）．

[15] 马博．双面网络口碑对消费者购买意愿影响及适用情境研究 [D]．太原：山西财经大学，2016．

[16] 乔晓娇，石丹，宫媛，等．在线评论解释对消费者购买意愿的影响研究 [J]．珞珈管理评论，2021（1）．

[17] 孙春华，刘业政．网络口碑对消费者信息有用性感知的影响 [J]．情报杂志，2009，28（10）．

[18] 王建军，王玲玉，王蒙蒙．网络口碑、感知价值与消费者购买意愿：中介与调节作用检验 [J]．管理工程学报，2019，33（4）．

［19］ 王军，周淑玲．一致性与矛盾性在线评论对消费者信息采纳的影响研究——基于感知有用性的中介作用和自我效能的调节作用［J］．图书情报工作，2016，60（22）．

［20］ 王爽，陆娟．信息一致性对消费者态度的影响——基于营养标签信息的实证研究［J］．经济经纬，2012（3）．

［21］ 王艺婷．评论不一致性对消费者的双面影响研究［D］．武汉：武汉大学，2018.

［22］ 杨丽雪．负面在线评论对顾客在线选择影响的实证研究［D］．沈阳：沈阳航空航天大学，2016.

［23］ 余伟萍，祖旭，孙阳波．不同产品类别在线评论对异质性消费者购买意愿影响［J］．大连理工大学学报（社会科学版），2016，37（1）．

［24］ 袁海霞．网络口碑的跨平台分布与在线销售——基于 BP 人工神经网络的信息熵与网络意见领袖敏感性分析［J］．经济管理，2015，37（10）．

［25］ 詹志方，王辉．消费者电视购物感知风险维度研究［J］．消费经济，2009，25（4）．

［26］ 张安然，许正良，喻昕．善因营销捐赠额度和广告导向对消费者反应的影响研究［J］．南开管理评论，2020，23（4）．

［27］ 张洁梅，孔维铮．网络负面口碑对消费者冲动性购买意愿的影响——负面情绪的中介作用［J］．管理评论，2021，33（6）．

［28］ 张永建．负面网络口碑信息对消费者品牌态度的影响［D］．南京：南京大学，2011.

［29］ 张玉星．矛盾性在线评论对大学生购买意愿的影响研究［D］．武汉：华中师范大学，2019.

［30］ 赵丽娜，韩冬梅．基于不同商品类型的在线评论感知有用性的实证［J］．统计与决策，2015（16）．

［31］ 赵敏．搜索型产品的负面在线评论对消费者购买意愿的影响研究［D］．郑州：郑州大学，2019.

［32］ 郑小平．在线评论对网络消费者购买决策影响的实证研究［D］．北京：中国人民大学，2008.

［33］ 左文明，王旭，樊偿．社会化电子商务环境下基于社会资本的网络口碑与购买意愿关系［J］．南开管理评论，2014，17（4）．

［34］ Abbasi, A., Chen, H., Salem, A. Sentiment analysis in multiple languages［J］. ACM Transactions on Information Systems, 2008, 26（3）.

［35］ Adaval, R. Sometimes it just feels right: The differential weighting of affect-consistent and affect-inconsistent product information［J］. Journal of Consumer Research, 2001, 28（1）.

［36］ Alford, B. L., Engelland, B. T. Advertised reference price effects on consumer price estimates, value perception, and search intention［J］. Journal of Business Research, 2000, 48（2）.

［37］ Bolton, L. E., Warlop, L., Alba, J. W. Consumer perceptions of price（un）fairness［J］. Journal of Consumer Research, 2003, 29（4）.

［38］ Buttle, F. A. Word of mouth: Understanding and managing referral marketing［J］. Journal of Strategic Marketing, 1998, 6（3）.

［39］ Cheema, A., Kaikati, A. M. The effect of need for uniqueness on word of mouth［J］. Journal of

Marketing Research, 2010, 47（3）.

［40］ Chien-Huang, L. , Wu, P. H. The roles of need for cognition and information quantity on consumer judgments of products with conflicting attributes: An experimental study ［J］. International Journal of Management, 2006, 23（4）.

［41］ Chen, P. Y. , Wu, S. , Yoon, J. The impact of online recommendations and consumer feedback on sales ［J］. ICIS 2004 Proceedings, 58.

［42］ Chen, Y. , Xie, J. Online consumer review: Word-of-mouth as a new element of marketing communication mix ［J］. Management Science, 2008, 54（3）.

［43］ Cheung, C. M. K. , Lee, M. K. O. , Rabjohn, N. The impact of electronic word-of-mouth: The adoption of online opinions in online customer communities ［J］. Internet Research, 2008, 18（3）.

［44］ Crowley, A. E, Hoyer, W. D. An integrative framework for understanding two-sided persuasion ［J］. Journal of Consumer Research, 1994, 20（4）.

［45］ Dodds, W. B. , Monroe, K. B. , Grewal, D. Effects of price, brand, and store information on buyers' product evaluations ［J］. Journal of Marketing Research, 1991, 28（3）.

［46］ Doh, S. J. , Hwang, J. S. How consumers evaluate eWOM（electronic word-of-mouth）messages ［J］. Cyberpsychology & Behavior, 2009, 12（2）.

［47］ Duan, W. , Gu, B. , Whinston, A. B. . The dynamics of online word-of-mouth and product sales—An empirical investigation of the movie industry ［J］. Journal of Retailing and Consumer Services, 2008, 84（2）.

［48］ Heider, F. The psychology of interpersonal relations ［M］. New York: Taylor and Francis Press, 2013.

［49］ Huang, P. , Lurie, N. H. , Mitra, S. Searching for experience on the web: An empirical examination of consumer behavior for search and experience goods ［J］. Journal of Marketing, 2009, 73（2）.

［50］ Jiménez, F. R. , N. A. Mendoza. Too popular to ignore: The influence of online reviews on purchase intentions of search and experience products ［J］. Journal of Interactive Marketing, 2013, 27（3）.

［51］ Khare, A. , Labrecque, L. I. , Asare, A. K. The assimilative and contrastive effects of word-of-mouth volume: An experimental examination of online consumer ratings ［J］. Journal of Retailing and Consumer Services, 2011, 87（1）.

［52］ Kostyra, D. S. , Reiner, J. , Natter, M. , Klapper, D. Decomposing the effects of online customer reviews on brand, price, and product attributes ［J］. International Journal of Research in Marketing, 2016, 33（1）.

［53］ Mazis, M. B. , Ahtola, O. T. , Klippel, R. E. A comparison of four multi-attribute models in the prediction of consumer attitudes ［J］. Journal of Consumer Research, 1975, 2（1）.

［54］ Mudambi, S. M. , Schuff, D. Research note: What makes a helpful online review? A study of customer reviews on amazon. com ［J］. MIS Quarterly, 2010, 34（1）.

［55］ Nelson, P. Information and consumer behavior ［J］. Journal of Political Economy, 1970, 78（2）.

［56］ Park, C. W., Mothersbaugh, D. L., Feick, L. Consumer knowledge assessment ［J］. Journal of Consumer Research, 1994, 21 （1）.

［57］ Simonson, I., Nowlis, S. M. The role of explanations and need for uniqueness in consumer decision making: Unconventional choices based on reasons ［J］. Journal of Consumer Research, 2000, 27 （1）.

［58］ Tian, K. T., Bearden, W. O., Hunter, G. L. Consumers' need for uniqueness: Scale development and validation ［J］. Journal of Consumer Research, 2001, 28 （1）.

［59］ Zhang, Z., Ye, Q., Law, R., Li, Y. The impact of e-word-of-mouth on the online popularity of restaurants: A comparison of consumer reviews and editor reviews ［J］. International Journal of Hospitality Management, 2010, 29 （4）.

［60］ Zhang, Z. Q., Zhang, Z. L., Wang, F., Law, R., Li, D. C. Factors influencing the effectiveness of online group buying in the restaurant industry ［J］. International Journal of Hospitality Management, 2013 （35）.

Research on the Black-Box Effects of Two-Sided Comments on Consumer's Purchase Intention

Yuan Haixia[1]　Wang Wanying[2]

（1, 2　School of Business, Anhui University, Hefei, 230601）

Abstract: From the perspective of consumer perception, using three experiments and second-hand data on the network platform, this paper explores the influence mechanism of the two-sided reviews' dual attributes （quantity and valence） on consumers' purchase intention under different product types. Study 1 examined the impact of the dual attributes of two-sided reviews on consumers' purchase intention. Study 2 further verified experiment 1 based on second-hand data on the basis of controlling the product type to explore the robustness of the main effect of this paper. Study 3 investigated the effect path of two-sided reviews on purchase intention. based on the first two experimental . On the basis of repeating the previous experimental results, study 4 examined the moderating role of product type in the impact of two-sided reviews on consumers' perception. The results show that: （1） The two-sided reviews' dual attributes （quantity and valence） influence consumers' purchase intention. When the volume of two-sided reviews is small, the negative impact of negative reviews proportion on consumers' purchase intention is enhanced. When the volume of two-sided reviews is large, the impact of negative reviews proportion on consumers' purchase intention is weakened. （2） The dual attributes of two-sided reviews influence consumers' risk perception and unique perception. When the volume of reviews is small, the higher the proportion of negative reviews, the higher the consumer's risk perception and unique perception. When the volume of reviews is large, the higher the proportion of negative reviews, the lower the risk perception, but the difference in unique perception is insignificant. （3） Product type moderates the interaction between the number and valence of two-sided reviews on consumers' risk perception and unique perception.

Key words：Two-sided reviews；Risk perception；Unique perception；Product attributes；Attribution theory

专业主编：寿志钢

珞珈 管理评论

2022 年卷第 4 辑（总第 43 辑）

Luojia Management Review

No. 4，2022（Sum. 43）

"真我"使我更可信[*]

——网络直播中素颜对女性主播评论可信度的影响

● 赵　晶[1]　李名智[2]　黄　睿[3]　谢志鹏[4]

（1，2，3　武汉大学经济与管理学院　武汉　430072；

4　华中师范大学经济与工商管理学院　武汉　430079）

【摘　要】网络直播正在以欣欣向荣的姿态一步步走进我们的生活。在为大众提供娱乐消遣途径的同时，它也越来越深刻地影响着消费者的购买决策。但现有营销文献对网络直播的关注甚少，且鲜有研究关注直播主播的精致妆容是否会对其带货效果带来影响。本文基于启发式—系统模型探讨了女主播素颜（vs. 带妆）出镜对带货效果的影响。通过 4 个实验发现，素颜（vs. 带妆）女主播的评论更具说服力，且感知自主性中介了女主播素颜（vs. 带妆）对主播评论可信度的影响。此外，研究还发现直播类型（娱乐型 vs. 学习型）调节了主播素颜（vs. 带妆）对主播评论可信度的影响。本研究结论既丰富了口碑评论领域的研究，也为企业产品推广、渠道选择提供了借鉴。

【关键词】网络直播　素颜　自主性感知　直播类型

中图分类号：C93　　　　文献标识码：A

1. 引言

随着智能手机和多媒体应用的普及，观看网络直播已成为人们生活中不可或缺的一部分，是消费者获取各类信息、了解时下潮流的重要手段。截至 2020 年 3 月，我国网络直播用户规模已经达到 5.6 亿人。网络直播的日益流行也催生了日渐蓬勃的直播经济，使其成为众多电商平台、商家开拓市场的新战略。网络直播及直播经济的飞速发展引起研究者的关注。现有研究集中探讨了网络直播中信息分享和信息获得行为（Long and Tefertiller，2020）、网络直播与文化传播（Lu et al.，2019）、网

---

* 基金项目：国家自然科学基金面上项目"移动互联时代信息流广告的效果研究：背景信息、时空特征与广告表达的匹配效应"（项目批准号：72072134）。

通讯作者：赵晶，E-mail：zhaoj@ whu. edu. cn。

络直播对消费者购买行为的影响及其机制（Wongkitrungrueng and Assarut，2020）。直播主播是影响网络直播效果的关键性因素，如"口红一哥"李佳琦曾在 15 分钟卖出 15000 支口红。然而，现有研究鲜有关注直播主播个人特征对消费者购买行为的影响。

年轻女性是直播行业的中坚力量。2020 年中国财经网统计数据表明，年轻女性在直播主播从业人员中占比高达 78.2%，其中以 90 后为主。绝大多数直播主播是草根代言人。缺乏名人的光环和名人所拥有的社会资源，直播主播的个人特质成为影响直播效果的关键性因素。此外，受直播形式所限，直播主播通常以坐姿为主、展示的主要部位为头部和上半身。因此，主播的个人容貌特征是向消费者传递的突出性信息之一。为了展示更美好的自己，众多女性主播在直播时通常会带妆出镜。但当消费者对一张张在化妆品和滤镜加持下变得完美无瑕的面孔司空见惯时，也有一些主播大胆地在镜头前展示自己素面朝天的一面。虽然"美即是好"已经成为公认的信条，并可以提高消费者对产品的评价，但 Samper 等（2018）的研究也表明费力而显著的妆容会被感知为"对真实自我的刻意隐藏"，而成为不良品德的体现。那么，女性直播主播面容特征（是否化妆）是否会对其传递信息的可信性产生影响？如何产生影响呢？

为了丰富有关网络直播的文献、填补现有研究的缺口，本文基于启发式—系统模型提出女性主播素颜直播是非标准性行为，因此会让观众将主播的行为认定为"不从众的自主性行为"，进而提高素颜直播主播的影响力。此外，直播类型调节主播素颜直播对消费者的影响。本研究将通过实验方法对以上假设进行科学系统的验证，力求丰富现有文献，并为电商平台制定科学合理的网络直播策略提供理论指导。

2. 理论背景

2.1 网络直播

网络直播是由大众网络媒介提供资源，专业的网络直播平台或者拥有相应科技实力的网络广告商提供网络直播服务，依靠各类网络直播软件、手机应用程序将现实生活场景等进行实时同步直播的一种新型网络媒体形式（Long and Tefertiller，2020）。网络直播的出现打破了以传统媒体为主要渠道向消费者传递信息的局限性，极大地加强了传播者与受众之间的互动性（Zhang et al.，2019）。此外，网络直播融合了静态的视觉信息、主播的动作、声音，因而可以提高信息的真实性和丰富度（Hsu et al.，2013）。现有研究对网络直播的关注主要集中于以下几个领域：（1）消费者观看网络直播的动机。Haimson 和 Tang（2017）指出沉浸、即时、互动和社交性是影响直播平台使用的主要原因。在观看直播的过程中，通过与他人互动，观众与其他观众建立起强联系（Hamilton et al.，2014），并对主播和其他观众高度认同（Hu et al.，2017）。（2）网络直播对消费者信息共享行为的影响，例如，网络直播可以鼓励消费者贡献更多内容给直播平台（Bründl et al.，2016），提高消费者之间的直接互动（Hilvert-Bruce et al.，2018），提高学习效果（Payne et al.，2017）和对其他消费者的模仿（Seering et al.，2017）。（3）网络直播成为一种新兴网络营销手段，并对电商经营业绩带来影响，例如，Zhang 等（2019）发现网络直播可以减少心理距离和不确定性，进而可以提高消费者的在线购买意愿。Wongkitrungrueng 和 Assarut（2020）发现网络直播的功能价值、享乐价值和符号价值分别影响消费者对产品的信任和对商家的信任，进而影响顾客融入。

不同于传统广告，网络直播中主播的个人魅力是影响直播效果的关键性因素。他们通过声音、神态和肢体语言传达出更具丰富内容的信息，也表现出更加丰富的自我，从而吸引更多的受众。此外，直播主播多是产品的草根代言人，缺乏明星、名人所特有的资源，直播主播自身的魅力显得更加重要。但是，现有研究鲜有关注直播主播个人特征对直播效果的影响。

2.2　启发式—系统模型（HSM）

启发式—系统模型（HSM，Chaiken，1980，1987；Chaiken et al.，1989）提出了两种基本的信息处理模式，人们使用这两种模式来做出判断。系统处理模式是综合的、分析性导向，感知者通过对所有有用信息的获取、审视和整合来做出自己的判断。典型的系统处理是指数据寻找、分析、整合流程。相比之下，启发式处理模式涉及使用简单决策、规则或认知启发式知识结构做出判断。接收者在判断消息有效性方面的努力相对较少。根据 HSM 模型，只有当一个人拥有足够的认知能力和动机水平时，系统加工才会发生。认知能力的要求反映了人们处理信息的能力是有限的，系统处理比启发式处理需要更多的认知能力。因此，一个人必须投入更多的认知资源，才能进行系统的信息处理；当人们动机或能力较低时，启发式处理模式占主导地位（Ratneshwar & Chaiken，1991）。

消费者观看直播的目的、观看时所处的环境等有所不同，因此消费者会产生不同水平的信息加工动机，并在该动机驱动下采用不同的信息加工模式处理信息，因而同样的信息可能会对消费者产生不同的影响。具体而言，当消费者有足够高的动机对信息进行加工时，他们通常会更多地采用系统加工模式，此时产品本身等信息是影响消费者判断的主要因素，而直播主播的外貌特征（化妆与否）可能不会产生显著影响。当消费者没有足够高的动机去加工信息时，启发式信息加工模式将占据主导地位。此时，直播主播化妆与否这一线索性信息可能会对直播的效果产生影响。因此，本研究将基于 HSM 模型来研究观看直播的过程中，直播主播化妆与否是否会对他们传递的信息的可信性产生影响。

3.　研究假设

本文将化妆定义为通过使用化妆品给面容带来显著的、肉眼可辨的、暂时的变化（Samper et al.，2018）。化妆可以通过改变面部两侧对称性、眼睛和嘴的部分结构，以及肤色和质地来操纵面部特征，进而提升个人魅力，因此女性希望通过化妆提高自己的吸引力。在公共场合，尤其是在电视屏幕或网络平台上，"带妆出镜"已经成为广大女性遵守的约定俗成的行为规范。当观众们看惯了妆容精致的女性主播主持的直播后，女性主播"素颜出镜"会被认为是一种违反社会行为规范的不从众行为。以往研究表明当个体希望建立独特性或突出个性时可能会采取不从众行为（Griskevicius et al.，2006），如穿着运动装而非优雅的套装进入一间奢华的宴会厅，或在正式的职业背景下穿一双红色球鞋等（Bellezza et al.，2014）。Bellezza 等（2014）提出了"红色球鞋"效应，即观察者会从这些不符合社会规范的信号推断出行为者具有更高的地位和能力，因为他们相信这些个体有更大的自主性按照自己的意志行事，并有能力承担不遵守社会规范和标准所带来的成本（Thompson et al.，2006）。因此，不从众的行为也可以激起他人对行为者的积极评价（Van Kleef et al.，2011）。在本研究的情景下，观众会认为"素颜出镜"的女性主播摆脱了从众压力而具有更高的自主性（Jetten et al.，2006）。更具自主性的主播提供的信息是他们内心意愿的真实展示，而非受商业赞助等影响的结果（Bellezza et al.，2014），因而观众会更相信素颜出镜的女性主播提供的推荐信息。据此，我们提出以下假设：

H1：观看网络直播时，素颜（vs. 带妆）女主播推荐的信息更具说服力。

H2：主播自主性中介了女主播素颜（vs. 带妆）对主播推荐信息说服力的影响。

主播在直播过程中推送的信息多种多样，每次打开直播软件，琳琅满目的直播视频充斥着我们的眼球。根据观众观看直播的动机不同，本文将直播视频分为两类：娱乐型直播视频和学习型直播视频。娱乐型直播视频是观众出于享乐性目的观看的直播视频，直播内容多为分享日常生活，分享快乐，如有关美食、旅游、宠物的直播等。而学习型直播视频是观众出于学习性目的观看的直播视频，观众希望从中学习到一些"干货"，从而更好地提升自我，如美妆、穿搭、生活小窍门、知识科普等。在观看娱乐型视频时，观众多抱以放松、休闲的态度而非有明确目的性地搜寻信息。因此，在面对主播发出的评论性信息时，观众往往不会投入过多认知资源对信息进行系统性加工。此时观众多依赖启发式线索做出判断，所以主播外貌特征（是否带妆）对推荐信息说服力的影响力度较强。而在观看学习型直播时，观众往往带有求知、探索信息的目的去搜寻信息并对主播推荐信息的准确性和真实性进行审慎思考，即采用系统处理模式来加工收到的信息，进而做出是否采纳这些信息的决定。所以此时主播外貌特征（是否带妆）对直播主播推荐信息说服力的影响力度较弱。据此提出假设 H3：

H3：直播类型调节了女主播外貌特征（是否带妆）对主播推荐信息说服力的影响。在观看娱乐型直播时，女主播素颜（vs. 带妆）对主播推荐信息说服力的影响更强；在观看学习型直播时，女主播化妆与否不会对主播推荐信息说服力产生显著影响。

本文的研究模型见图 1。

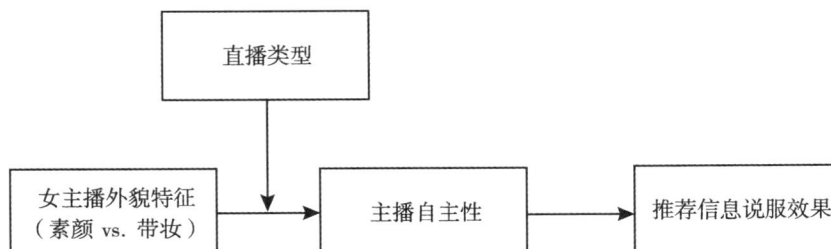

图 1　研究模型

4. 研究设计

4.1 实验一

4.1.1 研究目的

本实验旨在通过单因素组间实验（女主播素颜 vs. 带妆）探究直播女主播是否带妆对其评价可信性的影响。

4.1.2 实验对象

本研究通过某在线调研平台招募了 84 名被试参加实验。被试平均年龄为 28.25（SD＝6.09），其中 68.9% 为女性。

4.1.3 实验设计

本实验为单因素（主播素颜 vs. 带妆）组间设计。被试被随机分配到素颜组或带妆组，并分别观看了一张同一女性主播直播视频的截图。视频内容为主播介绍一款智能热水壶。素颜组被试观看的照片中女性主播未化妆，带妆组被试观看的图片中女性主播化了得体的彩妆。接下来两组被试阅读了同样一段主播对智能热水壶的介绍。

此后，被试被要求通过 Likert 七分量表对主播评论可信性进行评价（Eisend，2010；$\alpha＝0.77$)，对他们的产品态度进行评价（Simonin and Ruth，1998；$\alpha＝0.88$）。接下来，被试被要求通过七分量表对主播的化妆程度（请您对主播今天的化妆程度做出评价；1＝非常低，7＝非常高）和外表美观程度进行评价（请您为主播的外表美观性做出评价；1＝非常不美丽，7＝非常美丽）。然后，被试对化妆出镜是否符合社会规范进行了评价（$\alpha＝0.76$）。最后，被试汇报了个人基本信息（性别、年龄、职业）。

4.1.4 分析结果

单因素组间分析结果表明素颜组和带妆组被试对主播化妆程度判断有显著差异（$M_{素颜}＝3.74$，SD＝1.38 vs. $M_{化妆}＝5.57$，SD＝0.73，$F(1, 83)＝58.82$，$p<0.000$）。当以"外表美观程度"为因变量时，单因素组间分析结果表明两组被试的评分没有显著差异（$M_{素颜}＝5.05$，SD＝1.01 vs. $M_{化妆}＝5.33$，SD＝0.79，$F(1, 83)＝2.09$，$p＝0.15$）。当以"化妆符合社会规范"作为因变量时，单因素组间分析结果表明两组被试的评分没有显著差异（$M_{素颜}＝4.92$，SD＝0.72 vs. $M_{化妆}＝5.23$，SD＝0.93，$F(1, 83)＝3.03$，$p＝0.09$）。以上分析表明直播主播素颜与否的操纵是成功的。

主效应检验结果表明是否素颜对主播评论的可信度存在显著影响（$M_{素颜}＝3.88$，SD＝0.55 vs. $M_{带妆}＝4.32$，SD＝0.69，$F(1, 83)＝10.27$，$p＝0.002$）。当以"产品态度"作为因变量时，素颜与否对消费者产品态度产生显著影响（$M_{素颜}$ = 4.75，SD = 0.95 vs. $M_{带妆}$ = 4.30，SD = 0.67，F（1，83）= 6.37，p = 0.014）。这表明本研究的主效应得到验证。

4.1.5 讨论

实验一验证了本研究的假设 H1，即女性直播主播是否化妆对其评论的可信性和消费者产品态度产生显著影响。数据分析结果亦表明，消费者认为化妆是其所接受的社会规范，因为两组被试对"化妆是一种社会规范"的评分均高于量表的中点。

4.2 实验二

4.2.1 实验目的

本实验的目的是通过组间实验（主播素颜 vs. 带妆）验证素颜的女性直播主播推荐的信息更具说服力，并初步验证主播自主性在效应中起到的中介作用。此外，还意图通过对观众对主播真实自我感知、观众与主播距离感以及相似性的测量，排除研究中可能存在的一些替代性解释。

4.2.2 实验对象

本研究通过某在线调研平台招募了 105 名被试参加实验。被试平均年龄为 31.45（SD = 8.34），其中女性占 50.5%。

4.2.3 实验设计

本实验为单因素（主播素颜 vs. 带妆）组间设计。被试被随机分配至素颜组或带妆组，并分别观看一张由同一女性实验人员扮演并拍摄的直播视频截图，视频内容为主播试吃某品牌糕点。素颜组的被试观看的图片中女性主播并未化妆，带妆组被试观看的图片中女性主播化了得体的彩妆。接下来两组被试阅读同样一段由主播开场白、主播对糕点的总结评价组成的台词。

此后，被试被要求通过 Likert 七分量表对直播主播评论的可信性进行评价（Eisend，2010；α = 0.86）。接着被试通过七分量表对主播自主性（Bellezza et al.，2014；α = 0.82）、对主播的喜爱程度（1——我觉得这个主播很能引起我的好感；2——我非常喜欢主播本人；3——主播个人给我的印象不错；α = 0.88）、对主播的真实自我感知（1——我认为主播是在塑造一个与她不符的形象；2——我认为主播向他人展示扭曲了的自我；3——我认为主播向大家呈现了她身上并不存在的东西；4——我认为主播掩饰了真实的自己；Samper et al.，2018；α = 0.79），及与主播的距离感和相似性感知进行了评价。

接着我们测试了被试对主播化妆程度的感知（请您对主播今天化妆的程度做出评价）、对主播外貌美观程度及对主播素颜出镜是否符合社会规范的看法（1——我平日看到的直播视频中女主播一般会化妆；2——我认为主播素颜出镜符合社会规范标准；3——我认为女性主播在直播视频中应该化妆；4——假如我是一名专业直播女性，我在直播时会选择化妆；α = 0.81）。最后询问被试的个人基本信息（性别、年龄、职业）。

4.2.4　分析结果

操纵检验分析结果表明被试对素颜组与带妆组主播化妆程度的判断有显著差异（$M_{素颜}=3.62$，$SD=1.09$ vs. $M_{带妆}=6.58$，$SD=0.50$，$F(1,103)=41.38$，$p<0.001$）。这表明实验设计对于主播化妆程度的操控是成功的。

两组被试对主播个人喜爱程度无显著差异（$M_{素颜}=4.65$，$SD=1.17$ vs. $M_{带妆}=4.43$，$SD=1.34$，$F(1,103)=0.79$，$p=0.38$）；对主播外表的美丽程度评价无显著差异（$M_{素颜}=4.83$，$SD=1.91$ vs. $M_{带妆}=5.04$，$SD=1.58$，$F(1,103)=0.37$，$p=0.55$）；对主播与自己距离感评价无显著差异（$M_{素颜}=4.72$，$SD=1.93$ vs. $M_{带妆}=5.29$，$SD=1.58$，$F(1,103)=2.73$，$p=0.10$）；对主播与自己的相似程度评价无显著差异（$M_{素颜}=5.02$，$SD=1.72$ vs. $M_{带妆}=5.04$，$SD=1.99$，$F(1,103)=0.003$，$p=0.96$）。这些分析结果表明在本实验中被试对主播个人好感、与主播距离感知、与主播间相似性及主播美丽程度不会对主播推荐信息可信性带来显著影响。

此外，两组被试对主播带妆出镜是否代表主播对真实自我的掩饰的判断无显著差异（$M_{素颜}=3.26$，$SD=0.72$ vs. $M_{带妆}=3.04$，$SD=0.80$，$F(1,103)=2.297$，$p=0.133$），从而排除了"化妆代表了对真实自我的掩饰"对主播评论可信度的评价的影响。两组被试对直播中带妆出镜是否符合社会规范标准的评价无显著差异（$M_{素颜}=4.91$，$SD=0.92$ vs. $M_{带妆}=4.82$，$SD=0.94$，$F(1,103)=0.29$，$p=0.59$）。同时两组的评分都高于七分量表的平均值，这表明大多被试认同带妆出镜符合社会规范标准。

针对主效应的单因素组间分析表明，两组被试对主播评论可信度的判断存在显著差异，并且素颜组被试对主播的评论可信度评价显著高于带妆组被试的评价（$M_{素颜}=5.27$，$SD=1.03$ vs. $M_{带妆}=4.03$，$SD=1.08$，$F(1,103)=36.08$，$p<0.001$）。这表明本研究的主效应得到验证。

为了检验主播自主性的中介效应，本研究参照 Hayes（2013）提出的 process 方法，使用 SPSS 宏进行数据分析。本研究将抽样设为 5000 次，采用 model4，以主播素颜或带妆出镜作为自变量，主播自主性作为中介变量，对主播评论可信度的评价作为因变量，并将对主播个人好感度、主播外表美丽程度评价作为协变量进行了中介分析。分析结果表明主播自主性部分中介了主播带妆与否对主播评论可信度的影响（$b=-0.6102$，$SE=0.1773$，95% CI $[0.9814,0.3080]$）。

4.2.5　讨论

实验二验证了本研究的假设 H1 和 H2，即在观看网络直播时，素颜（vs. 带妆）出镜的女主播的评论更具说服力，且主播自主性在其中起到了部分中介的作用。此外，在本实验中因被试对主播的真实自我感知、与主播间距离感、与主播间相似性感知都无显著效应，从而排除了这些因素对主播评论可信性的影响。

4.3　实验三

4.3.1　实验目的

实验三的研究目的为通过使用不同产品、邀请不同研究人员扮演直播主播、启动主播自主性来进一步验证本研究的中介效应。若中介效应成立，那么在未启动被试主播自主性的实验组，主播带妆与否将显著影响主播评论的可信度；相反，在启动主播自主性的实验组，主播带妆与否将不再显著影响主播评论的可信度。

4.3.2　实验对象

本研究通过某在线调研平台招募了 146 名被试参加实验。被试平均年龄为 34.32（SD = 7.25），其中女性占 57.4%。

4.3.3　实验设计

本实验采用 2 外貌特征（素颜 vs. 带妆）×2 主播自主性（启动 vs. 未启动）组间设计，被试被随机分配至 4 个实验组。启动主播自主性的实验组被试阅读材料中包括以下内容：芋圆是 B 站上一个较有人气的新主播，观众对她最多的评价是她是一个敢于做自我的率真女性。未启动主播自主性的实验组被试阅读的材料中则无此内容。接着素颜组和带妆组被试观看了一张女性主播素颜或带妆直播试吃某品牌零食的视频截图。两张视频截图中直播主播由同一实验人员扮演，零食为同一品牌零食。此后，被试阅读了一段由主播的开场白与对零食的评价组成的台词。

被试看完实验材料后用七分量表对主播评论的可信度进行了评价（Eisend，2010；$\alpha = 0.81$）。接着被试对主播的自主性（Bellezza et al.，2014；$\alpha = 0.76$）、对主播的喜爱程度（$\alpha = 0.77$）、主播外貌美观性、主播的真实自我感知（Samper et al.，2018；$\alpha = 0.77$）、与主播间的距离感和相似性感知进行了评价。测量方法与实验一相同。接着我们测量了被试对素颜出镜是否符合社会规范的看法（$\alpha = 0.74$），并测量了被试对主播化妆程度的评价。实验最后，被试回答有关个人基本信息的问题。

4.3.4　分析结果

操纵检验成功，单因素方差分析表明：素颜组与带妆组被试对主播的化妆程度判断有显著差异（$M_{素颜} = 3.59$，SD = 1.86 vs. $M_{化妆} = 4.45$，SD = 1.80，$F(1, 144) = 5.17$，$p = 0.02$）。有自主性启动组被试对主播自主性感知的判断显著高于无自主性启动组（$M_{有自主性prime} = 5.58$，SD = 1.16 vs. $M_{无自主性prime} = 5.16$，SD = 1.28，$F(1, 144) = 4.26$，$p = 0.04$），这表明自主性启动操纵成功。

素颜组与带妆组对主播个人的好感无显著区别（$M_{素颜} = 5.20$，SD = 1.24 vs. $M_{化妆} = 5.18$，SD = 1.31，$F(1, 144) = 0.003$，$p = 0.95$）。两组对主播外表的美丽程度评价无显著区别（$M_{素颜} = 5.23$，SD = 1.45 vs. $M_{化妆} = 5.24$，SD = 1.61，$F(1, 144) = 0.003$，$p = 0.96$）。素颜组和带妆组对自己与主播间个人距离感的评价（$M_{素颜} = 5.33$，SD = 1.48 vs. $M_{化妆} = 5.39$，SD = 1.59，$F(1, 144) = 0.06$，$p = 0.81$）、对自己与主播的相似程度（$M_{素颜} = 5.59$，SD = 1.33 vs. $M_{化妆} = 5.28$，SD = 1.60，$F(1,$

144）= 1.58，$p = 0.21$）都无显著差异。这些结果表明被试对主播距离感感知及相似性感知并不会影响他们对主播评论可信度的评价。此外，素颜组与带妆组对直播中素颜出镜是否符合社会规范标准的评价无显著差异（$M_{素颜} = 5.18$，SD = 1.11 vs. $M_{化妆} = 5.21$，SD = 1.20，$F(1, 144) = 0.03$，$p = 0.87$）。同时因为两组的评分均高于七分量表的中间值，可表明大多被试认同带妆出镜符合社会规范标准。素颜组与带妆组对直播中化妆出镜是否代表主播对真实自我的掩饰的判断无显著差异（$M_{素颜} = 3.19$，SD = 0.78 vs. $M_{化妆} = 3.16$，SD = 0.82，$F(1, 144) = 0.06$，$p = 0.81$），且因两组评分均低于七分量表的中间值，再一次证明了"化妆代表了对真实自我的掩饰，进而会影响观众对主播评论可信度的评价"的替代解释不成立。

主效应检验结果表明主播是否素颜出镜对主播评论可信度的判断具边际显著效应（$F(1, 144) = 3.72$，$p = 0.06$）。素颜组被试对主播评论的可信度评价边际显著高于带妆组（$M_{素颜} = 5.25$，SD = 1.13 vs. $M_{化妆} = 5.00$，SD = 1.30）。自主性启动对主播评论的可信度无显著影响（$F(1, 144) = 1.47$，$p = 0.23$）。主播是否素颜出镜与自主性启动有显著的交互效应（$F(1, 144) = 5.28$，$p = 0.02$）。

随后的简单效应分析表明，如图 2 所示：在无自主性启动情况下，素颜组和带妆组被试对主播评论可信度的评价具显著差异（$M_{素颜} = 5.65$，SD = 0.70 vs. $M_{化妆} = 4.82$，SD = 1.32，$F(1, 144) = 11.31$，$p = 0.001$）。在有自主性启动情况下，素颜组和带妆组被试对主播评论可信度的评价并无显著差别（$M_{素颜} = 4.96$，SD = 1.25 vs. $M_{化妆} = 5.04$，SD = 1.37，$F(1, 144) = 0.06$，$p = 0.81$）。

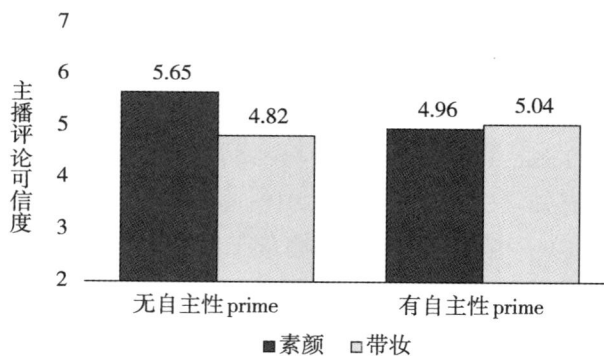

图 2

4.3.5 讨论

通过实验三我们可以发现，在无自主性启动组，素颜组被试对主播评论可信度的评价显著高于带妆组被试的评价，这与实验二的结论相似。但是在有自主性启动组，素颜组与带妆组被试对主播评论可信度的评价却并无显著差异。因此，实验三进一步验证了本文假设 H2 中提出的感知自主性中介了女主播素颜（vs. 化妆）对主播评论可信度的影响。被试对主播的真实自我感知及被试对与主播间距离感知、相似性感知都无显著主效应，再一次排除了观众对主播的真实自我感知及观众对主播的距离感、相似性感知的替代性解释。

4.4　实验四

4.4.1　实验目的

本实验的目的是检验直播类型的调节作用。若直播类型可在主播是否素颜出镜对主播评论可信度的评价的效应中起到调节作用，那么在娱乐型直播中，主播是否化妆对主播评论可信度将存在显著效应；而在学习型直播中，主播是否化妆对主播评论可信度不再有显著影响。

4.4.2　实验对象

本研究通过某在线调研平台招募了 228 名被试参加实验，在删除了 11 份无效问卷后，最终保留了 217 份有效问卷。被试平均年龄为 28.59（SD＝9.34），其中女性占 48.4%。

4.4.3　实验设计

实验为 2（外貌特征：素颜 vs. 带妆）×2（直播类型：娱乐型 vs. 学习型）组间设计。被试被随机分配至 4 个实验组。实验对直播类型的操纵如下：娱乐组被试被告知：请想象你周末在家打开了网播平台，这时候屏幕上一个关于某品牌推出的新款智能小音箱的开箱试用视频吸引了你的注意。你觉得这个试用视频很有意思，似乎是消遣娱乐的好选择，于是就点开了视频想要放松下心情。学习组被试阅读的材料如下：请想象你周末在家打开了网播平台，这时候屏幕上一个关于某品牌推出的新款智能小音箱的开箱试用视频吸引了你的注意。你觉得这个试用视频很有用处，可以了解新科技、新功能，于是就点开了视频想要开阔下眼界。接着，被试被随机分配至素颜组和带妆组，并分别观看了一张由同一实验人员扮演主播的直播视频截图（素颜组主播没有化妆，带妆组主播化了妆）。视频内容为直播试用某品牌新款智能音箱。此后，所有被试阅读了同样一段主播开场白及主播对这款智能音箱的总结评价。

实验资料展示结束后，被试对主播评论可信度进行了评价（Eisend，2010；$\alpha = 0.82$）。然后，被试被要求用七分量表评价自己对智能音箱的熟悉度（是否听过）以及对智能音箱的感兴趣程度。接着，被试被询问了对主播的喜爱程度（$\alpha = 0.86$），并对主播的外貌美观性、主播的真实自我感知（Samper et al.，2018；$\alpha = 0.77$）、与主播间的距离感和相似性感知进行了评价。此后，被试对素颜出镜是否符合社会规范（$\alpha = 0.85$）和主播化妆程度进行了评价。实验最后进行了直播类型的操纵检验，并询问了被试的个人基本信息（性别、年龄、职业）。

4.4.4　分析结果

单因素方差分析表明素颜组与带妆组对主播的化妆程度判断有显著差异（$M_{素颜} = 3.88$，SD＝0.94 vs. $M_{化妆} = 4.69$，SD＝1.23，$F_{(1, 215)} = 29.39$，$p < 0.001$）。当以"我希望通过看这个智能音箱的直播视频消遣娱乐、放松心情"为因变量时，学习组和娱乐组被试的评价有显著差距（$M_{学习型} = 3.67$，SD＝2.07 vs. $M_{娱乐型} = 6.18$，SD＝1.01，$F_{(1, 215)} = 125.9$，$p = 0.00$）。当以"我希望通过看这个智能音箱的直播视频开阔眼界、了解科技新动向"为因变量时，学习组和娱乐组被

试的评价存在显著差异（$M_{学习型} = 6.09$，SD = 1.25 vs. $M_{娱乐型} = 3.71$，SD = 1.87，$F(1, 215) = 120.92$，$p = 0.00$）。以上分析结果表明直播主播素颜与否和直播类型的操纵是成功的。

素颜组与带妆组被试对智能音箱的熟悉程度（$M_{素颜} = 4.59$，SD = 1.99 vs. $M_{化妆} = 4.66$，SD = 1.96，$F(1, 215) = 0.07$，$p = 0.79$），以及感兴趣程度（$M_{素颜} = 4.78$，SD = 2.01 vs. $M_{化妆} = 4.56$，SD = 1.90，$F(1, 215) = 0.66$，$p = 0.42$）无显著差异。素颜组与带妆组被试对主播个人的好感无显著差异（$M_{素颜} = 4.54$，SD = 1.74 vs. $M_{化妆} = 4.75$，SD = 1.80，$F(1, 215) = 0.73$，$p = 0.39$），对主播外表的美丽程度评价无显著差异（$M_{素颜} = 4.59$，SD = 1.87 vs. $M_{化妆} = 4.65$，SD = 1.85，$F(1, 215) = 0.06$，$p = 0.86$）。且素颜组和带妆组被试对主播与自己的距离感评价（$M_{素颜} = 4.86$，SD = 1.94 vs. $M_{化妆} = 4.65$，SD = 1.92，$F(1, 215) = 0.67$，$p = 0.42$）、与自己的相似程度（$M_{素颜} = 4.85$，SD = 1.99 vs. $M_{化妆} = 4.81$，SD = 2.01，$F(1, 215) = 0.02$，$p = 0.89$）都无显著差距。这表明被试对主播的距离感及相似程度感知对实验主效应无显著影响。此外，素颜组与带妆组被试对直播中素颜出镜是否符合社会规范标准的评价无显著差异（$M_{素颜} = 4.24$，SD = 1.38 vs. $M_{化妆} = 4.29$，SD = 1.31，$F(1, 215) = 0.09$，$p = 0.77$）。同时两组被试对此问项的评分均高于七分量表的中间值，这表明大多被试认同带妆出镜符合社会规范标准。素颜组与带妆组被试对直播中化妆出镜是否代表主播对真实自我的掩饰的判断也无显著差异（$M_{素颜} = 3.35$，SD = 0.87 vs. $M_{化妆} = 3.19$，SD = 0.83，$F(1, 215) = 1.94$，$p = 0.17$）。

主效应检验结果表明主播是否素颜出镜对主播评论可信度的判断边际显著（$F(1, 215) = 3.63$，$p = 0.06$）；直播类型对主播的评论可信度判断无显著主效应（$F(1, 215) = 0.56$，$p = 0.46$）；主播是否素颜出镜与直播类型具有显著交互效应（$F(1, 215) = 5.03$，$p = 0.03$）。

随后的简单效应分析表明，如图 3 所示，在娱乐型直播组，素颜组和带妆组对主播评论可信度的评价具显著差别（$M_{素颜} = 4.66$，SD = 1.35 vs. $M_{化妆} = 4.01$，SD = 1.12，$F(1, 215) = 7.54$，$p = 0.01$）。然而在学习型直播组，素颜组和带妆组对主播评论可信度的评价并没有显著差别（$M_{素颜} = 4.39$，SD = 1.23 vs. $M_{化妆} = 4.49$，SD = 1.25，$F(1, 215) = 0.18$，$p = 0.68$）。

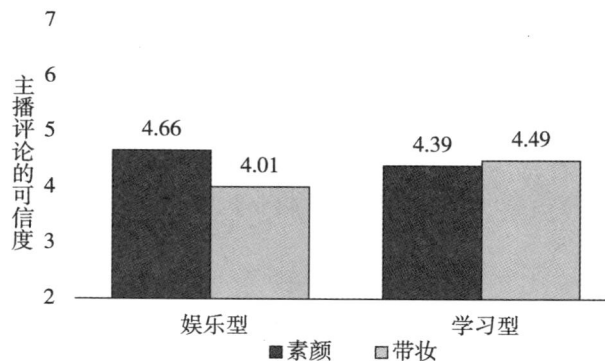

图 3

4.4.5　讨论

实验结果表明，在娱乐型直播组，素颜组被试对主播评论可信度的评价显著高于带妆组被试。而在学习型直播组，素颜组与带妆组对主播评论可信度的评价并无显著区别。因此，实验四验证了本文的假设 H3，即在观看娱乐型直播时，观众更可能采用启发式处理模式，素颜可以作为启发式线索提高观众对主播的自主性感知，从而提高了主播的评论可信度；而在观看学习型直播时，观众更可能采取系统处理模式，这时素颜不能显著提高观众对主播的自主性感知，因而假设 H1 效应会减弱甚至消失，且检验结果显示被试对主播的真实自我感知及被试对主播的距离感、相似性感知都无显著主效应，又一次排除了观众对主播的真实自我感知及观众对主播的距离感、相似性感知的替代性解释。

5. 研究结论

现有文献虽对意见领袖、口碑及广告领域的很多理论进行了检验，但鲜有研究探讨在网络直播这种新颖的产品推广背景下，作为意见领袖的主播们的仪容仪表对其评论可信度的影响。本研究基于 HSM 模型等一系列理论提出假设，并通过 4 个实验来证实假设的成立。本研究发现主播素颜（vs. 化妆）出镜会使得消费者对主播的自主性作出正面的推断，从而提高了主播的评论可信度。此外，本研究还验证了网络直播类型（娱乐型 vs. 学习型）的调节作用。在娱乐型直播中，主播素颜（vs. 带妆）出镜对其评论可信度的影响依然显著，然而在学习型直播中，主播素颜（vs. 带妆）出镜对其评论可信度的影响已然不再显著。

5.1　理论贡献

本研究的理论贡献体现在以下几方面。首先，本研究的结论丰富了现有关于直播的研究。现有研究主要关注了观众观看直播的动机及直播在营销中的应用等（Haimson and Tang, 2017；Zhang et al., 2019）。但是主播作为直播内容的传达者，对于直播主播自身特征如何影响直播效果的关注不足。本研究的结论表明女性直播主播个人特征，特别是化妆与否会对直播的效果产生影响。消费者会认为来自素颜出镜的直播主播的信息更具可信性，并产生更高的购买意愿。

其次，现有研究结论丰富了有关意见领袖的研究。直播主播是一种新兴的意见领袖，但同时他们又是草根代言人。他们通过视频的方式向自己的粉丝宣传产品。由于缺乏明星所特有的光环和强大的社会资源，直播主播作为意见领袖，其自身的特点是影响直播效果的主要因素（Chan and Misra, 1990）。本研究结论表明女性直播化妆与否通过改变消费者对主播自主性感知而影响直播效果。本研究还扩展了关于启发式—系统模型的运用（Chaiken et al., 1989），通过 4 个实验表明观众在娱乐型直播中会根据屏幕里主播表现出的一些启发式线索（素颜）而对主播的个性特征（自主性）作出推断。而在观看学习型直播时，观众则更可能采取系统处理模式，此时素颜与否对于他们对主播评论可信度判断的影响不再那么显著。

最后，本研究结论再一次验证了人们的一些不符合标准规范的非从众行为会影响旁观者对他们的自主性感知（Bellezza et al.，2014；Van Kleef et al.，2011）。之前关于不符合社会规范标准的非从众行为研究多把关注重心放在了非从众行为的动因和后果上（Griskevicius et al.，2006），即究竟是哪些因素导致了非从众行为且非从众行为会给行为者带来怎样的后果。而本文采取了第三方视角，关注了在观察者眼中的非从众行为会让其对行为者的感知发生怎样的变化，他们会从何种角度出发去解释这种不符合社会规范和标准的非从众行为。就素颜这一非从众行为而言，以往的研究主要关注女性如何利用化妆行为获得地位及其他社会和职业回报（Segal-Caspi et al. 2012；Wong and Penner 2016），然而素颜不仅会提高个体的道德判断（Samper et al. 2017），甚至可以作为提升说服力的重要评价依据，从而获取更高的职业回报。

5.2 管理意义

网络直播逐渐渗透日常生活的每个角落并无时无刻不在影响着人们的生活，对消费模式也产生了巨大的影响，也成为众多电商极力推广的新型广告模式和商业模式。本研究旨在为企业选择主播类型以及主播如何提升自身的评论影响力提供建议和参考。本研究通过实验验证了主播素颜（vs. 化妆）的主效应，以及网络直播类型（娱乐型 vs. 学习型）的调节作用。因此，企业产品在选择推广平台（或平台板块）及主播时应关注平台特征与主播个人特征的匹配性。拥有精致的妆容不应该是选择主播的唯一标准，反而采用素颜出镜等方式可以作为新的参考依据。而针对高认知投入类型的主播，例如本研究中所涉及的学习型主播，主播的外在特征不再是重要的评判标准。主播也可根据自身所在平台以及自己所提供的内容属性考虑是否化妆。

此外，本研究结果表明观众对主播的自主性感知能够提高主播评论的可信度。因此，企业可以通过更多的方式与途径来提高观众对主播的自主性感知，以提高主播评论的影响力。企业实践过程中可以选取具有"率真""敢于做自我"等特征的主播来进行产品推广，以让观众感觉到主播在直播过程中是独立的个体，具有更高的自主性。在产品宣传推广方面，主播可以更注重灵活的个人使用感的表达，减少官方品牌中一成不变的宣传词的使用，向观众传达主播的评价更多是基于自我感受的自由表达，而非生搬硬套的传统企业背书模式。

5.3 局限性及未来研究方向

首先，本研究提出了直播的类型（娱乐型 vs. 学习型）会调节素颜（vs. 化妆）对主播评论可信度的影响。实际上，可能有更多的调节变量会对该主效应产生调节作用。比如主播的粉丝数或者直播观看人数越多，主播面临的服从社会规范标准（化妆）以维护自我社会形象的压力越大，因此粉丝数和直播观看人数是否会影响观众对素颜主播自主性个性特征的推断？在未来的研究中可对此观点进行检验。除此之外，未来研究可以从多角度、多方面挖掘更多的边界变量。

其次，本研究关注了直播主播的主要群体，即女性主播。虽然男性主播在直播主播中占据的比例不高，但在某些特殊类型的直播中男性主播占主体，如体育直播和游戏直播。因此，未来研究可以关注在这些特殊直播中男性主播的哪些特性，通过哪些机制影响他们的直播效果。

再次，本研究的因变量是主播评论的可信度，并未直接检验主播素颜（vs. 化妆）对营销绩效的影响。现有研究表明人们更容易被他们认为更可信的评价说服（Chaiken & Eagly，1989；Clow et al.，2006），并对产品做出积极的判断。未来研究可进一步验证直播主播个人特征对消费者购买行为及口碑传播等行为的影响。

最后，网络直播呈现着欣欣向荣的发展态势，必将成为一种重要的营销推广方式。然而现有文献对该领域的研究十分有限。因此未来研究可以更多地关注直播中其他特征对直播效果的影响，如是否使用"直播助手"协助主播完成产品展示等，以期为企业的营销推广实践提供更多的理论支持。

◎ 参考文献

［1］赵保国，王耘丰. 电商主播特征对消费者购买意愿的影响［J］. 商业研究，2021（1）.

［2］Bellezza，S.，Gino，F.，Keinan，A. Red sneakers effect：Inferring status and competence from signals of nonconformity［J］. Journal of Consumer Research，2014，41（1）.

［3］Bründl，S.，Hess，T. Why do users broadcast？Examining individual motives and social capital on social live streaming platforms［C］. Pacific Asia Conference on Information Systems，2016.

［4］Chaiken，S. Heuristic versus systematic information processing and the use of source versus message cues in persuasion［J］. Journal of Personality and Social Psychology，1980，39（5）.

［5］Chaiken，S.，Liberman，A.，Eagly，A. H. Heuristic and systematic information processing within and beyond the persuasion context［M］// J. S. Uleman，J. A. Bargh. Unintended thought. New York：Guilford，1989.

［6］Chaiken，S. The heuristic model of persuasion［M］// M. P. Zanna，J. M. Olson，C. P. Herman. Social influence：The Ontario symposium. Hillsdale，NJ：Lawrence Erlbaum Associates，1987.

［7］Chan，K. K.，Misra，S. Characteristics of the opinion leader：A new dimension［J］. Journal of Advertising，1990，19（3）.

［8］Clow，K. E.，James，K. E.，Kranenburg，K. E.，et al. The relationship of the visual element of an advertisement to service quality expectations and source credibility［J］. Journal of Services Marketing，2006，20（6）.

［9］Eisend，M. Explaining the joint effect of source credibility and negativity of information in two-sided messages［J］. Psychology and Marketing，2010，27（11）.

［10］Griskevicius，V.，Goldstein，N. J.，Mortensen，C. R.，et al. Going along versus going alone：When fundamental motives facilitate strategic（non）conformity［J］. Journal of Personality and Social Psychology，2006，91（2）.

［11］Haimson，O. L.，Tang，J. C. What makes live events engaging on Facebook Live，Periscope，and Snapchat［C］. Conference on Human Factors in Computing Systems，2017.

［12］ Hamilton, W. A. , Garretson, O. , Kerne, A. Streaming on Twitch: Fostering participatory communities of play within live mixed media ［C］. The SIGCHI Conference on Human Factors in Computing Systems, 2014.

［13］ Hilvert-Bruce, Z. , Neill, J. T. , Sjöblom, M. , et al. Social motivations of live-streaming viewer engagement on Twitch ［J］. Computers in Human Behavior, 2018, 84.

［14］ Hsu, L. C. , Wang, K. Y. , Chih, W. H. Effects of web site characteristics on customer loyalty in B2B e-commerce: Evidence from Taiwan ［J］. The Service Industries Journal, 2013, 33 (11).

［15］ Hu, M. , Zhang, M. , Wang, Y. Why do audiences choose to keep watching on live video streaming platforms? An explanation of dual identification framework ［J］. Computers in Human Behavior, 2017, 75.

［16］ Jetten, J. , Hornsey, M. J. , Adarves-Yorno, I. When group members admit to being conformist: The role of relative intragroup status in conformity self-reports ［J］. Personality and Social Psychology Bulletin, 2006, 32 (2).

［17］ Long, Q. , Tefertiller, A. C. China's new mania for live streaming: Gender differences in motives and uses of social live streaming services ［J］. International Journal of Human-Computer Interaction, 2020, 36 (14).

［18］ Lu, Z. , Annett, M. , Wigdor, D. Vicariously experiencing it all without going outside: A study of outdoor livestreaming in China ［J］. Proceedings of the ACM on Human-Computer Interaction, 2019, 3 (CSCW).

［19］ Payne, K. , Keith, M. J. , Schuetzler, R. M. , et al. Examining the learning effects of live streaming video game instruction over Twitch ［J］. Computers in Human Behavior, 2017, 77.

［20］ Ratneshwar, S. , Chaiken, S. Comprehension's role in persuasion: The case of its moderating effect on the persuasive impact of source cues ［J］. Journal of Consumer Research, 1991, 18 (1).

［21］ Samper, A. , Yang, L. W. , Daniels, M. E. Beauty, effort, and misrepresentation: How beauty work affects judgments of moral character and consumer preferences ［J］. Journal of Consumer Research, 2018, 45 (1).

［22］ Segal-Caspi, L. , Roccas, S. , Sagiv, L. Don't judge a book by its cover, revisited: Perceived and reported traits and values of attractive women ［J］. Psychological Science, 2012, 23 (10).

［23］ Seering, J. , Kraut, R. , Dabbish, L. Shaping pro and anti-social behavior on Twitch through moderation and example-setting ［C］. The ACM Conference on Computer Supported Cooperative Work and Social Computing, 2017.

［24］ Simonin, B. L. , Ruth, J. A. Is a company known by the company it keeps? Assessing the spillover effects of brand alliances on consumer brand attitudes ［J］. Journal of Marketing Research, 1998, 35 (1).

［25］ Thompson, C. J. , Rindfleisch, A. , Arsel, Z. Emotional branding and the strategic value of the doppelgänger brand image ［J］. Journal of Marketing, 2006, 70 (1).

[26] Van Kleef, G. A. , Homan, A. C. , Finkenauer, C. , et al. Breaking the rules to rise to power: How norm violators gain power in the eyes of others [J]. Social Psychological and Personality Science, 2011, 2 (5).

[27] Wong, J. S. , Penner, A. M. Gender and the returns to attractiveness [J]. Research in Social Stratification and Mobility, 2016, 44.

[28] Wongkitrungrueng, A. , Assarut, N. The role of live streaming in building consumer trust and engagement with social commerce sellers [J]. Journal of Business Research, 2020, 117 (c).

[29] Zhang, M. , Qin, F. , Wang, G. A. , et al. The impact of live video streaming on online purchase intention [J]. The Service Industries Journal, 2019, 40 (9-10).

The Influence of Makeup on the Credibility of a Live Webcast Commenters' Comments

Zhao Jing [1]   Li Mingzhi [2]   Huang Rui [3]   Xie Zhipeng [4]

(1, 2, 3 Economics and Management School, Wuhan University, Wuhan, 430072;

4 School of Economics and Business Administration, Central China Normal University, Wuhan, 430079)

Abstract: Live webcast has gotten involved in our life step by step and has significantly influenced consumers' purchasing decisions. However, few existing studies have shade light on whether a female commenter's characteristics, especially whether her makeup influences the credibility of her comments. To fill this gap, this study investigated whether a commenter's makeup (vs. without makeup) influences the credibility of her comments based on heuristics and system models. Through four experiments, this study found that the comments from a commenter without makeup (vs. with makeup) are more convincing when consumers watch live webcast, and perceived autonomy of the commenter exerts a mediation effect. In addition, this study also found that the type of live webcast (entertainment vs. learning) moderates the influence of whether a commenter without makeup (vs. with makeup) on the credibility of her comments. The findings of this study not only enriches the research in the field of word-of-mouth, but also provides reference to enterprises for designing promotion and channel strategies.

Key words: Live webcast; Makeup; Perceived autonomy; Type of live broadcast

专业主编：寿志钢

投 稿 指 南

《珞珈管理评论》是由武汉大学主管、武汉大学经济与管理学院主办的管理类集刊，创办于2007年，由武汉大学出版社出版。2017年始入选《中文社会科学引文索引（2017—2018年）来源集刊目录》（CSSCI），2021年《珞珈管理评论》再次入选《中文社会科学引文索引（2021—2022年）来源集刊目录》。

自2022年第40辑起，《珞珈管理评论》每2个月出版1辑。

《珞珈管理评论》以服务中国管理理论与实践的创新为宗旨，以促进管理学学科繁荣发展为使命。本集刊主要发表管理学领域有关本土问题、本土情境的学术论文，介绍知识创造和新方法的运用，推广具有实践基础的研究成果。热忱欢迎国内外管理学研究者踊跃赐稿。敬请投稿者注意以下事项：

1. 严格执行双向匿名评审制度；不收取版面费、审稿费等任何费用。

2. 启用网上投稿、审稿系统，请作者进入本网站（http://jmr.whu.edu.cn）的"作者中心"在线投稿。根据相关提示操作，即可完成注册、投稿。上传稿内容包括：文章标题、中文摘要（300字左右）、关键词（3～5个）、中图分类号、正文、参考文献、英文标题、英文摘要。完成投稿后，还可以通过"作者中心"在线查询稿件处理状态。如有疑问，可与《珞珈管理评论》编辑部（027-68755911）联系。不接受纸质版投稿。

3. 上传文稿为Word和PDF两种格式，请用正式的ＧＢ简体汉字横排书写，文字清晰，标点符号规范合理，句段语义完整，全文连贯通畅，可读性好；全文以10000字左右为宜（有价值的综述性论文，可放宽到15000字，包括图表在内），论文篇幅应与其贡献相匹配。图表、公式、符号、上下角标、外文字母印刷体应符合规范。若论文研究工作受省部级以上基金项目支持，请用脚注方式注明基金名称和项目编号。

4. 正文文稿格式为：（中文）主题→作者姓名→工作单位→摘要→关键词（3～5个）→1引言（正文一级标题）→内容（1.1（正文二级标题）…，1.2…）……→结论→参考文献→（英文）主题→作者姓名→工作单位→摘要→关键词→附录；摘要不超过300字。

5. 来稿录用后，按规定赠予当期印刷物两本（若作者较多，会酌情加寄）。

6. 注释、引文和参考文献，各著录项的具体格式请参照网站投稿指南。

7. 文责自负。作者须郑重承诺投稿论文为原始论文，文中全部或者部分内容从来没有以任何形式在其他任何刊物上发表过，不存在重复投稿问题，不存在任何剽窃与抄袭。一旦发现论文涉及以上问题，本编辑部有权采取必要措施，挽回不良影响。

8. 作者应保证拥有论文的全部版权（包括重印、翻译、图像制作、微缩、电子制作和一切类似的重新制作）。作者向本集刊投稿行为即视作作者同意将该论文的版权，包括纸质出版、电子出版、多媒体出版、网络出版、翻译出版及其他形式的出版权利，自动转让给《珞珈管理评论》编辑部。